Nuto Revelli
Der verschollene Deutsche

Nuto Revelli

Der verschollene Deutsche

Tagebuch einer Spurensuche

Aus dem Italienischen übersetzt
von Friederike Hausmann

Verlag C. H. Beck München

Der Übersetzung liegt folgende Ausgabe zugrunde:
Nuto Revelli: Il disperso di Marburg
© 1994 Giulio Einaudi editore s. p. a., Torino

Die Deutsche Bibliothek – CIP-Einheitsaufnahme
Revelli, Nuto:
Der verschollene Deutsche : Tagebuch einer Spurensuche /
Nuto Revelli. Aus dem Ital. übers. von Friederike Hausmann. –
München : Beck, 1996
Einheitssacht.: Il disperso di Marburg <dt.>
ISBN 3 406 40479 0

ISBN 3 406 40479 0

Für die deutsche Ausgabe:
© C. H. Beck'sche Verlagsbuchhandlung (Oscar Beck),
München 1996
Gesamtherstellung: Freiburger Graphische Betriebe, Freiburg
Gedruckt auf säurefreiem, alterungsbeständigem Papier
(hergestellt aus chlorfrei gebleichtem Zellstoff)
Printed in Germany

Inhalt

Die Legende vom «einsamen Reiter»
Seite 7

1986
Das Spiel der Erinnerung
Seite 15

1987
Das Jahr der Lemberg-Kommission
Seite 53

1988
Unterschiedliche Versionen
Seite 61

1989
Die Wiederkehr der Vergangenheit
Seite 91

1990
Die «mündlichen Quellen»
Seite 97

1991
Die «schriftlichen Quellen»
Seite 131

1992
Die Wende
Seite 149

1993
Epilog zu einer «aussichtslosen Spurensuche»
Seite 181

Die Legende
vom «einsamen Reiter»

Von dem «guten Deutschen», dem einsamen Reiter, habe ich zum ersten Mal vor etwa zwanzig Jahren gehört. Ich erinnere mich noch ganz genau, wie mir diese unglaubliche Geschichte zu Ohren kam. Sie klang wie ein Märchen, hat sich mir aber tief ins Gedächtnis geprägt und mich nie mehr losgelassen.

Ich arbeitete damals an meinem Buch *Il mondo dei vinti* (*Die Welt der Besiegten*) über die bäuerliche Welt des Piemont und wollte eigentlich nichts mehr wissen von *meinem* Krieg und dem Krieg der *anderen*. Dennoch fesselte mich immer wieder die schwierige und umstrittene Frage, wie das Verhältnis zwischen Partisanen und bäuerlicher Bevölkerung gewesen war. Die Lebensgeschichten, die ich notierte, wenn ich kreuz und quer durch meine Heimatprovinz fuhr, genügten mir nicht: Jede Gelegenheit war recht, einen Beleg oder eine Information zu sammeln.

Marco traf ich durch Zufall und verwickelte ihn ohne große Umschweife in ein Gespräch über das Thema, das mir am Herzen lag. Ich sagte zu ihm: «Du warst doch Partisan, und du bist Bauer. Wieweit standen deiner Meinung nach damals, in den zwanzig schlimmen Monaten, die Leute auf dem Land auf unserer Seite?»

Marco erkannte die Fallstricke meiner Frage sofort, und nach der alten Bauernregel, nie eine unmittelbare, spontane Antwort zu geben, hielt er sich bedeckt. «Ob die Leute auf dem Land auf unserer Seite standen?» stellte er die Frage noch einmal an sich und an mich, um Zeit zu gewinnen. Dabei musterte er mich aufmerksam, als ob er von mir einen Rat, einen Hinweis auf die Antwort erwartete. «Sie standen auf unserer Seite», sagte er schließlich, «obwohl sie wie zwischen Hammer und Amboß lebten, immer in der Angst vor Repressalien.[1]»

Die Erinnerung an die Repressalien brachte Marco dazu, mir die Begebenheit zu erzählen, die sich ihm besonders eingeprägt hatte.

«Im Sommer 44 geschah etwas, an das sich nur wenige erinnern, und wovon vielleicht nicht einmal du etwas weißt», begann er seine Erzählung mit der Sicherheit dessen, dem endlich das Richtige eingefallen ist.

«Ein deutscher Offizier verließ jeden Morgen um die gleiche Zeit zu Pferd die Kaserne von San Rocco[2] und ritt immer auf demselben Weg bis zu der Straße zwischen den Kapellen der Madonna degli Angeli und der Crocetta. In der Nähe von Tetto Graglia gibt es einen Weg am Ufer des Gesso[3], der sich in dem Gelände zwischen dem Kiesbett

[1] In der Übersetzung wird der italienische Ausdruck *rappresaglia* mit *Repressalie* wiedergegeben, obwohl das ein schwacher Ausdruck für das Gemeinte ist. Der deutsche Ausdruck «Vergeltungsmaßnahmen» schien aber zu sehr die deutsche Perspektive zu betonen.   [2] San Rocco Castagnaretta, Ortsteil von Cuneo. Die sogenannten «Casermette funzionali», heute Kaserne Ignazio Vian, lagen drei Kilometer von Cuneo und 600m vom Ortskern von San Rocco mit seinen wenigen Häusern um die Pfarrkirche entfernt. Sie waren 1939 mit Blick auf den Krieg gegen Frankreich geplant worden und wurden nicht fertiggestellt, weil sie nach dem 10. Juni 1940 als überflüssig betrachtet wurden.   [3] Wenige Kilometer von Cuneo entfernt, jenseits des Flusses Gesso, liegt das Städtchen Boves. Es wurde von Einheiten der Waffen-SS-Division «Leibstandarte Adolf Hitler» unter dem Kommando des SS-Majors Joachim Peiper am 19. September 1943 weitgehend zerstört, als Vergeltung für die Gefangennahme von zwei deutschen Soldaten durch Partisanen. 24 Zivilisten wurden getötet, rund 350 Häuser brannten aus. Die Umgebung von Boves wurde rasch eines der Hauptzentren der ersten Partisanenformationen in der Gegend von Cuneo. Am 31. Dezember 1943 sowie am 1. und 3. Januar 1944 richteten deutsche Luftwaffeneinheiten und Angehörige der 4. Kompanie des Ost-Bataillons 617 während einer Partisanenbekämpfungsaktion erneut ein Blutbad unter der Zivilbevölkerung und den Partisanen an. Im Verlauf dieser Operationen wurden 41 Personen getötet.

und den gegenüberliegenden Höhen verliert. Der Deutsche nahm diesen Weg bis zur Bahnunterführung Cuneo-Borgo[4], und dann ritt er querfeldein.

Es war ein ruhiger Mann, anscheinend ein guter Mensch. Manchmal hielt er auf der Tenne unseres Hofes an und wechselte ein paar Worte mit den Kindern. Die Leute hatten keine Angst vor ihm, sie hatten sich daran gewöhnt, ihn immer um die gleiche Zeit auftauchen zu sehen.

Eines Morgens wurde dieser Deutsche, man hat nie erfahren von wem, ganz in der Nähe unseres Hauses getötet. Sein Pferd lief den gewohnten Weg zurück und kam allein ans Kasernentor. Dann begann die «Säuberung»[5], die den ganzen Tag dauerte, aber die Leiche wurde Gott sei Dank nicht gefunden, sonst wäre es mit uns aus gewesen. Sie hätten mindestens zehn Unschuldige umgebracht und alle Häuser in der Umgebung niedergebrannt.»

Noch nie hatte ich eine so ungewöhnliche Geschichte gehört, so unvereinbar mit meinen eigenen Kriegserlebnissen. Während Marco sprach, drängten sich mir andere Bilder wie Sequenzen aus einem Film auf. Viel traurigere Bilder, viel düsterere. Von wegen «guter Deutscher»!

Ich drückte Marco meine Verwunderung aus und überschüttete ihn mit Fragen, die aber ohne Antwort blieben, denn er selbst war nicht Augenzeuge der Begebenheit gewesen, er kannte sie nur vom Hörensagen. Er habe diese Geschichte zwar tatsächlich nicht nur einmal, sondern unzählige Male von seiner Familie und den Nachbarn gehört, aber mit der Zeit verliere sich die Wahrheit auch immer mehr, und was bleibe, werde Legende, Mythos.

---

4 Borgo: Borgo San Dalmazzo, ein kleiner Ort am Eingang der Täler von Vermenagna, Gesso und Stura, acht Kilometer von Cuneo und fünf von San Rocco entfernt.   5 Der italienische Ausdruck *rastrellamento* wird mit *«Säuberung»* übersetzt, weil jede andere Wiedergabe den Vorgang verharmlosen würde.

«Ich will keines deiner Worte anzweifeln. Aber ich möchte genauer wissen, wie sich die Dinge abgespielt haben», sagte ich schließlich zu Marco. «Such mir jemanden, der etwas weiß, der sich erinnern kann. Ich lasse wieder von mir hören, und dann reden wir weiter darüber.»

Dieses Versprechen habe ich nicht gehalten. Sollte ich mich in eine Untersuchung verwickeln lassen, die bestimmt schwierig und schmerzvoll sein würde? Was hätte ich dabei herausfinden können? Daß der Krieg gerecht oder ungerecht war? Das lohnte sich nicht. Ich wollte mich nicht wieder von meiner Vergangenheit gefangennehmen lassen; ich wollte nicht, daß die schlecht verheilten Wunden wieder zu bluten anfingen. Es war besser zu vergessen, als sich an zu vieles zu erinnern.

«Der Krieg war der Krieg», sagte ich mir, «und in diesen zwanzig Monaten war jede Kugel, die einen Deutschen tötete, eine gute Kugel, denn es gab einen Feind weniger.» Aber diese noch verschwommene Begebenheit war weit mehr als ein Kriegsereignis, und es gelang mir nicht, sie einfach zu verdrängen.

Das Bild des einsamen Reiters, der anhielt, um mit den Kindern zu scherzen, störte mich, schien mir zu künstlich, um wahr zu sein. In meiner Erinnerung sah ich die jüdischen Kinder von Stolbcy[6], die aussahen wie Spatzen mit gebrochenen Flügeln, und ich beharrte weiterhin darauf, daß alle Deutschen – nicht nur die Männer der SS von Stolbcy – nicht Menschen, sondern Bestien waren. Aber diese instinktive, wütende Reaktion brachte mich nicht weiter. Sie genügte nicht, das Bild des «guten Deutschen» zu verdrängen, das so etwas wie Unordnung in die Ordnung meiner Gewißheiten brachte.

---

6 Ort in Belorußland zwischen Brest-Litowsk und Minsk, wo der Eisenbahntransport des Autors mit seiner 46. Kompanie, Bataillon Tiràno, des Gebirgsjägerregimentes 5 auf der Fahrt an die russische Front am 26. Juli 1942 Station machte.

«Vielleicht waren nicht alle Deutschen gleich», dachte ich mir in den wenigen Augenblicken der inneren Ruhe, aber mit zusammengebissenen Zähnen, als fürchtete ich, dem Feind, der doch nur Haß und Verachtung verdiente, schon zu weit entgegengekommen zu sein.

Die Jahre vergingen, aber immer wieder drängte sich jene beunruhigende Geschichte in mein Gedächtnis und warf mich auf meine Vergangenheit zurück.

Jedesmal, wenn ich die Kaserne von San Rocco sah, war es, als wäre sie mit dem Ort des Überfalls unsichtbar verbunden. Ich hatte im Winter 1941/42 einige Monate in dieser Kaserne verbracht, bevor wir nach Rußland an die Front geschickt worden waren. Ich verlor mich aber nicht in Erinnerungen an diese Zeit, sondern fragte mich, wer dieser Deutsche gewesen sein mochte, der am Rande von Cuneo, genau gegenüber von Boves, den Tod gefunden hatte.

Wenn ich meiner Phantasie freien Lauf ließ, lief ich Gefahr, mich ganz in diesen «Vermißten» hineinzuversetzen. Ich sah ihn vor mir als jungen Mann, aber schon vom Krieg gezeichnet, schon «innerlich» müde wie ein Besiegter. Wie ich es war nach den Erfahrungen in Rußland. Sobald aber das Mitleid die Oberhand zu gewinnen schien, schreckte ich auf und brach meine Wachträume ab.

1986

Das Spiel der Erinnerung

Alljährlich am 25. April[1] treffen sich nach den offiziellen Feiern die «Gruppen»[2] in ihrer alten Zusammensetzung in den Tälern wieder, wo sie als Partisanen gekämpft haben, als wollten sie einen alten Freundschaftspakt erneuern.

Ausgerechnet an einem solchen 25. April, dem des Jahres 1986, wo ich es am wenigsten erwartet hätte, schnappte die Falle zu.

Mit etwa hundert anderen befand ich mich in Tetti di Dronero[3] und dachte an alles andere als an die Geschichte vom «guten Deutschen». Vor dem Mittagessen aber trieb mich irgend etwas dazu, mich Marco und seinen Kameraden Oreste, Aldo, Benvenuto[4], Giorgio, Franco und Nino aus San Rocco anzuschließen.

Die Umgebung eignete sich überhaupt nicht für ein ruhiges Gespräch, denn im einzigen Raum der Trattoria war der Geräuschpegel vom anfänglichen sanften Stimmengewirr zu erheblichem Lärm angestiegen. Aber ich wartete auf den geeigneten Augenblick und sagte dann zu Marco: «Und dieser Deutsche, der jeden Tag ausritt? Seit du mir diese Geschichte erzählt hast, sind einige Jahre vergangen. Und die Zeugen?» Marco zählte mir mit seiner Engelsgeduld die Namen aller Leute auf, die er seinerzeit befragt hatte, und sagte zum Schluß: «An manches erinnern sie sich. Sie waren und sind, glaube ich, bereit, mit dir zu sprechen. Jetzt aber, nach mehr als vierzig Jahren …»

[1] Der 25. April, der Tag der Befreiung von der deutschen Besatzung, ist einer der wichtigsten italienischen Nationalfeiertage. Am 25. April 1945 begann in Norditalien ein allgemeiner bewaffneter Aufstand der Partisanen gegen die deutsche Besatzung und das faschistische Kollaborationsregime. [2] Italienisch «banda», das (anders als im Deutschen «Bande» und «Bandit») nicht negativ besetzt ist. In der deutschen Übersetzung daher «Gruppe». [3] Ort im unteren Maira-Tal. [4] Benvenuto Re.

Ich zog auch die anderen ehemaligen Partisanen von San Rocco in das Gespräch hinein, das sofort sehr lebhaft wurde, denn alle kannten vom Hörensagen die Geschichte, und jeder wollte seine Meinung sagen.

Die Aussagen über den Ablauf der Ereignisse stimmten mehr oder weniger überein. Strittig aber blieb, ob das Opfer des Hinterhalts ein Deutscher, ein Ukrainer, ein Armenier oder ein Georgier war. In der Kaserne von San Rocco wechselte häufig die Belegung, und die verschiedensten Truppenteile hielten sich hier auf: Einheiten auf dem Weg nach oder von Frankreich und Sondereinheiten für Suchaktionen, die unmittelbar nach Beendigung ihres Auftrags anderswohin verlegt wurden.

Die lebhafte Diskussion drehte sich allerdings nicht nur um die Identität des Opfers. Vor dem Hintergrund des Überfalls war das Bild des getöteten Soldaten unscharf, so wie ein Statist anonym bleibt. In den Vordergrund dagegen trat immer wieder das Pferd, als wäre es das einzig Lebendige in dieser düsteren Episode des Todes.

«Ich kenne Leute, die etwas wissen», sagte mir Nino, «und wenn sie sprechen, kommt die Wahrheit an den Tag.» Oreste wiederholte immer und immer wieder: «So ein intelligentes Pferd ... Diese Geschichte ist ein Krimi und muß gelöst werden.»

Drei Tage später traf ich im Haus von Freunden in der Nähe von San Rocco mit Luigi und Sandro zusammen, die Nino als Zeugen geholt hatte.

Luigi ergriff als erster das Wort. «Ich wohnte hier in San Rocco, aber jeden Morgen ging ich in die Nähe von Tetto Graglia, um das Gras an der Böschung zu mähen, das niemandem gehört. Diesen Deutschen habe ich mindestens ein dutzendmal vorbeireiten sehen. Aber vielleicht war es kein Deutscher, vielleicht war es ein Pole, ein polnischer Feldwebel.»

Ein Feldwebel und außerdem noch Pole? Weil ich unsicher war, ob er nicht vielleicht von einer ganz anderen Geschichte sprach, fragte ich Luigi nach der Jahreszeit.

«Der Roggen stand schon hoch, also war es Mai. Ende April haben sie meine Schule geschlossen, die Berufsschule in der Via Barbaroux, um Truppen einzuquartieren. Deshalb konnte ich auch am Morgen zum Heumachen gehen.»

«Paß auf, da täuschst du dich», mischte sich Nino ein. «Es war kurz vor den ‹Säuberungen› im Stura-Tal im August. Ich war damals in Barricate, und ich erinnere mich, daß meine Mutter und die Schwester von Marco mit dem Fahrrad bis Pietraporzio fuhren, um uns zu treffen. Sie waren müde und beunruhigt. Sie sagten uns: ‹Ja, wenn ihr wüßtet, was passiert ist! Sie haben einen Deutschen getötet, und er liegt unbeerdigt auf den Streuwiesen, die sich am Kiesbett des Flusses entlangziehen. Kommt heute nacht ins Tal und begrabt ihn. Denn wenn sie ihn finden …› Ich und Marco, wir wollten es tun, aber unser Kommandant brachte uns davon ab. ‹Die aus San Rocco sollen ihn begraben›, sagte er zu uns, ‹ihr riskiert zuviel.›»

«Nino, da täuschst du dich», anwortete Luigi, «du bringst das Attentat von San Rocco mit dem von Tetto Gallotto⁵ durcheinander. In der Kaserne von Tetto Gallotto lag ein georgisch-armenisches Bataillon, und ein Offizier dieser Einheit, ein deutscher Oberleutnant mit Namen Leopold Riepl, wurde bei einem Ausritt von Partisanen getötet. Sie schossen aus einem Maisfeld auf ihn und konnten flüchten.⁶ Es war der 5. Juli.»

---

⁵ Ortschaft zwischen Cuneo und Borgo San Dalmazzo an der Straße Cuneo–Borgo, vier Kilometer von San Rocco entfernt.   ⁶ Dieser Hinterhalt wurde in der Nähe der Kaserne von Tetto Gallotto gelegt an der Stelle, wo heute ein Gedenkstein an die Repressalien der Deutschen vom 6. Juli 1944 erinnert. Die Urheber des Attentats waren einige Partisanen aus dem Stura-Tal, die den deutschen Offizier töteten, als er mit dem Motorrad auf der Staatsstraße Cuneo-Borgo entlangfuhr. Die Namen der Opfer der Repressalie lauten: Sergio Aimo, Giorgio Andreetti, Guglielmo Beltrandi, Archino Calabresi, Guido Eritano, Guido Ivaldi, Michele Macchiotto, Giuseppe Ortolano, Lorenzo Racca, Carlo Vigna.

«Nach mehr als vierzig Jahren erinnern Sie sich noch an Namen und Vornamen jenes Deutschen?» fragte ich Luigi. «Sie waren doch noch ein Kind, kein Erwachsener.»

«Ich war gerade vierzehn geworden, aber ich war sehr neugierig und wollte alles wissen. Den Krieg habe ich auf meine Weise erlebt, wie ein Abenteuer. Nach dem Attentat von Tetto Gallotto hatten die Deutschen die Todesanzeigen, wie man das bei uns macht, auch in San Rocco öffentlich angeschlagen. Weil ich diese Plakate immer und immer wieder gelesen hatte, konnte ich den Text auswendig. Er lautete: ‹Leopold Riepl, barbarisch ermordet›. Außerdem wurden die Namen der dreizehn zur ‹Vergeltung› Erschossenen aufgezählt, ja, denn die Deutschen haben am Ort des Attentats dreizehn unschuldige Zivilisten erschossen und die armen Toten quer über die Gleise gelegt, damit die darüberrollenden Züge sie zerfetzen sollten.»

Ich stellte klar, daß es bei dieser Repressalie nicht dreizehn, sondern zehn Opfer gegeben hatte, und fügte hinzu: «Dreizehn Partisanen dagegen haben die Deutschen zwei Monate früher, am 2. Mai, an der Friedhofsmauer von Borgo erschossen. Aber kehren wir zu dem Attentat von San Rocco zurück. Sind Sie wirklich sicher, daß es im Mai war?»

«Wenn es nicht Ende Mai war, dann Anfang Juni. Ich habe diesen Deutschen auf seinem Pferd jeden Morgen gesehen. Manchmal ritt er so nahe an mir vorbei, daß ich ihm hätte in die Augen sehen können.»

Ich überschüttete Luigi mit Fragen: «Haben Sie ihm aus Angst nicht in die Augen gesehen? War er jung? Welche Uniform trug er? Hatte er Rangabzeichen auf der Jacke oder der Mütze? War er bewaffnet oder unbewaffnet?»

«Er war ernst, nicht mehr jung, so um die vierzig. Ja, vielleicht hat er Ärger in der Familie gehabt. Er war wie die Deutschen angezogen, aber ohne große Orden. Ja, natürlich trug er eine Pistole. Und er ritt immer auf demselben Pferd, einem von diesen schönen kleinen russischen Pferden mit rotbraunem Fell und langem Schweif. An einem Morgen traf ich Angelo, der etwa so alt war wie ich, und ich sagte ihm: ‹Du, ich habe diesen Deutschen auf dem Pferd nicht mehr gesehen›, und damit war die Sache beendet. Die Wahrheit habe ich erst nach dem Krieg erfahren, als Carlo mir erzählte, wie sich alles abgespielt hat, und Carlo war einer, der es wußte, denn er wohnte nur ein paar Hundert Meter von der Stelle des Attentats entfernt.

Die Partisanen hatten den Deutschen schon seit Tagen beobachtet, um ihn zu entwaffnen. Eines Morgens lauerten sie ihm kurz hinter der Bahnunterführung am Weg auf und überwältigten ihn. Sie zwangen ihn, ihnen durch die Felder bis zum Flußbett zu folgen, wo sie ihn erschossen. Das Pferd aber war inzwischen in die Kaserne zurückgekehrt, und schon nach einer Stunde ging eine Gruppe von Deutschen und Russen von Haus zu Haus und verhörte die Leute. Man dachte aber nicht an Schlimmeres, sie hatten nicht einmal Polizeihunde dabei. Sie verhafteten ein paar Leute und hielten sie nur einen oder zwei Tage in der Kaserne von San Rocco fest. Na, wenn es keine Repressalien gab, dann einfach weil sie dachten, er wäre desertiert. Damals wollten viele Russen desertieren und sich den Partisanen anschließen.»

In der Überzeugung, Luigi habe mir schon alles oder fast alles gesagt, stellte ich ihm keine weiteren Fragen, um lieber Sandro in das Gespräch mit einzubeziehen: «Ich meine ganz wie Luigi, daß das Attentat im Mai oder im Juni war. Ich brauche dafür aber noch Beweise. Können Sie sich nicht an irgend etwas erinnern, vielleicht an einen Augenblick der Angst? Dann könnte man den Zeitpunkt genauer festlegen.»

«Ich war in diesen Monaten in den Bergen», gab Sandro gleich zur Antwort, «und das wenige, was ich weiß, habe ich erst nach Kriegsende erfahren. Eines aber will ich sagen. Nicht die Partisanen haben den Deutschen erschossen, sondern einige ‹Versprengte›[7], vielleicht von den Hügeln des Malandrè[8] oder aus Rosbella[9], Lumpenkerle, eher verwegen als mutig. Wir Partisanen waren nicht so unbedacht. Wir hätten den Deutschen als Geisel genommen, ihn nicht umgebracht und dann so liegen lassen. Giovanni hat den Toten gesehen, Giovanni kann dazu etwas sagen.»

Ich merkte, daß es Sandro leid tat, zuviel gesagt zu haben, und wollte deshalb nicht weiter in ihn dringen. «Wie habt ihr den 8. September[10] erlebt?» fragte ich, um dem Gespräch eine andere Richtung zu geben.

Die äußerst lebhafte Unterhaltung, die sich daraus entwickelte, zeigte mir, daß alle draufloserzählen wollten. Ich griff nicht mehr ein und ließ es zu, daß sie durcheinander redeten und gleichzeitig ihrem Mitteilungsbedürfnis freien Lauf ließen. Der eine erinnerte sich an das Chaos des 8. September, ein anderer schimpfte auf die Faschisten und die Deutschen, die für unzählige blutige Massaker verantwortlich waren. Jeder wollte mir seine Geschichte erzählen.

7 Italienisch «sbandati». Ehemalige Soldaten des aufgelösten italienischen Heeres oder junge Verweigerer, die am Rande der Partisanenformationen in den Bergen lebten. Sie hießen «Versprengte», weil sie weder zur einen noch zur anderen Seite gehörten. 8 Gebiet am rechten Unterlauf des Vermenagna-Tals. 9 Ortsteil von Boves. 10 Am 8. September 1943 wurde die Kapitulation Italiens bekanntgegeben. Es gelang den deutschen Truppen, innerhalb weniger Tage die Macht auf dem gesamten noch nicht von anglo-amerikanischen Truppen erreichten italienischen Territorium zu übernehmen. Der faschistische «Duce», Benito Mussolini, der am 25. Juli 1943 vom italienischen König Viktor Emanuel III. abgesetzt worden war und gefangengehalten wurde, wurde von deutschen Truppen befreit und an die Spitze eines Kollaborationsregimes (der «Repubblica Sociale Italiana») gesetzt. Der Widerstand, der sich rasch gegen die Besatzungsmacht und das Kollaborationsregime formierte, wurde von Anfang an mit großer Härte bekämpft. Die mörderischen Aktionen der Wehrmacht, der Polizei und der SS trieben nicht nur die Zahl der im Untergrund lebenden Personen in die Höhe, sondern auch die der aktiven Partisanen. Erst der Zusammenbruch der deutschen Verteidigungslinien in Oberitalien im April 1945 setzte der Besatzung ein Ende.

Mich interessierte vor allem das Spiel der Erinnerung, der Gegensatz zwischen *meiner* Wahrheit und der der *anderen*. Je lauter und lebhafter die Diskussion wurde, desto mehr trat die Frage in den Vordergrund, wie man nach fünfzig Jahren den Krieg sah.

Ich hörte allem genau zu, obwohl ich merkte, daß die Erinnerung an «meinen» Krieg wieder in mir zu bohren begann.

Einen Tag später war ich wieder in San Rocco, nochmals mit Nino als «Vermittler», um nach dem von Sandro als Zeugen benannten Giovanni zu suchen.

Wir fuhren mit dem Auto auf der Umgehungsstraße entlang der alten Stadtmauer, als Nino auf unserer Straßenseite Giovanni auf einem Fahrrad entdeckte. Er machte ihm ein Zeichen, und Giovanni folgte uns bis zu einer kleinen Ausbuchtung, der einzigen Stelle, an der man anhalten konnte.

Im Straßenlärm nahm ich mit dem Aufnahmegerät in der Hand folgendes Gespräch auf:

– Welche Erinnerung haben Sie an den Deutschen?

– Ich erinnere mich, daß er auf die Seite gebeugt und zusammengesunken in einem großen Busch mitten im Gesso lag.

– War denn Wasser im Gesso?

– Nein, er war fast trocken.

– Also war es Sommer.

– Es war spätes Frühjahr, weil die Weiden reif waren. In dieser Zeit ging mein Großvater jeden Tag zum Fluß, um Weidenruten für Körbe zu schneiden. Eines Morgens kam er früher als sonst nach Hause und sagte zu mir: «Komm heute nachmittag, dann zeige ich dir etwas.»

– So sind Sie gegangen, um den Toten zu sehen. Aber hatten Sie denn keine Angst?

– Ein bißchen Angst schon, weil ich jung war, gerade erst siebzehn. Mein Großvater aber, der achtundsiebzig war, hatte keine Angst. Natürlich, wenn ich heute daran denke ...

— Und wenn Sie in eine Suchaktion geraten wären?

— Die Suchaktion hatte am Tag vorher stattgefunden. Die Deutschen waren bis zum Fluß vorgedrungen, aber sie wußten nicht, ob ihr Kamerad noch lebte oder nicht. Vielleicht dachten sie, er sei noch am Leben, und daß die Partisanen ihn als Geisel genommen hatten.

— War er jung oder eher älter, der Deutsche?

— Er hatte ein junges Gesicht, sehr jung, das Gesicht eines Zwanzigjährigen. Er war blond, die Haare kurz, wie bei den Deutschen üblich.

— Wie viele Wunden hatte er am Körper?

— Nur eine einzige Wunde, am Kopf.

— Welche Uniform trug er?

— Die Uniform war unvollständig. Es fehlten die Jacke, die Mütze und die Stiefel. Es fehlte die Pistole. Die Hose war graugrün, das Hemd khaki wie die Strümpfe.

— Sie erinnern sich, daß er jung war. Andere dagegen erinnern sich an einen Vierzigjährigen.

— Er war zweiundzwanzig oder höchstens fünfundzwanzig Jahre alt.

— Handelte sich um einen Deutschen, oder um einen Ukrainer, einen Georgier, einen Polen?

— Es war ein Deutscher, ein deutscher Offizier.

— Warum nicht ein Feldwebel oder ein einfacher Soldat?

— Dazu war er zu gut angezogen. Und außerdem, ohne daß ich jemand beleidigen will, hatte er auch das Aussehen eines Offiziers. Einem Feldwebel oder einem Soldaten hätten sie nie erlaubt, einfach auszureiten.

— Wer hat ihn getötet?

— Ah, das weiß ich wirklich nicht. Wenige Tage später bin ich in die Berge gegangen und habe nichts mehr von dieser Geschichte gehört. Glauben Sie mir, Nuto, ich habe wirklich alles gesagt, denn ich weiß, mit wem ich spreche.

Fragen Sie nicht weiter.

– Nur noch eine einzige, letzte Frage. Was wird wohl aus der Leiche geworden sein?

– Ich weiß, daß sie dann verschwunden ist, aber ich kann nicht sagen, wann und wie.

30. April

Ich versuche, eine vorläufige Bilanz zu ziehen, auch wenn ich bisher nur über wenige, noch dazu widersprüchliche Informationen verfüge.

Soll ich der Wahrheit von Luigi oder der von Giovanni Glauben schenken? Luigi hat einen lebenden Menschen gesehen und erinnert sich an ihn als einen nicht mehr jungen Mann, so um die vierzig. Giovanni hat einen Toten gesehen und erinnert sich an ihn als einen ganz jungen Mann.

Auch der russische Soldat, den wir am Don in der Nacht des 19. September 1942 getötet haben, sah aus wie ein Junge. Wir waren ein paar Hundert Meter von unserem Stützpunkt entfernt aufeinandergestoßen, und erst im Morgengrauen entdeckten wir die Leiche im Gestrüpp. Er lag auf dem Rücken, hatte die Arme ausgebreitet, das Gesicht war von einer schrecklichen Grimasse verzerrt. Eine Handgranate hatte ihm die Eingeweide zerrissen.

«Wie alt mag er wohl sein?» hatten wir, die wir selbst erst wenig über zwanzig waren, uns gefragt, und die Antwort war einmütig: «höchstens achtzehn». Aber vielleicht hatte das im Sterben entstellte Gesicht uns getäuscht. In der darauffolgenden Nacht kehrten wir wieder an die Stelle zurück und begruben ihn. Nicht nur aus Mitleid mit dem Toten.

20. Mai

Luigi und Giovanni sind beide der Meinung, daß der einsame Reiter und das Opfer des Attentats ein und dieselbe Person sind, obwohl die Dinge, die sie sagen, eher auf zwei verschiedene Personen schließen lassen. Ihre Aussagen stimmen allerdings in dem einen Punkt überein, daß es spätes Frühjahr war, weil der Roggen und die Weidenruten reif waren. Vielleicht hat Luigi recht, daß das Attentat Ende Mai oder Anfang Juni stattgefunden hat.

Mir genügt die Erinnerung *der anderen* aber nicht. Ich muß das damalige Umfeld und die Zusammenhänge mit Hilfe meiner eigenen mehr oder weniger verblaßten Erinnerungen wenigstens in groben Linien wieder aufzeichnen. Ich muß für eine Reihe von nur scheinbar einfachen Fragen Antworten finden, ohne die jede weitere Nachforschung unmöglich ist.

Wie war die Situation in Cuneo und seiner Umgebung? Lagen viele oder wenige Deutsche in den verschiedenen Kasernen, besonders in der Kaserne von San Rocco? Wie lebten sie? Hatten sie den Eindruck, in einer Gefahrenzone zu sein, oder wähnten sie sich in Sicherheit, weil die Front so weit entfernt war?

Ich war damals in den Bergen, und die Nachrichten, die vom Tal heraufkamen, waren sehr ungenau. Aber wenn ich mich an die Erinnerungen von damals halte, kann ich vielleicht einige Steinchen zu diesem Mosaik, das nicht mehr existiert und nie mehr ganz wiederherzustellen sein wird, ausfindig machen. Ich muß mich ernsthaft dazu entschließen, die ersten Schritte dieser schwierigen, wenn nicht gar unmöglichen Nachforschungen zu unternehmen, und dabei muß ich alle scheinbar leichten Abkürzungen vermeiden, weil sie voller Tücken sind. An irgend etwas muß ich mich wie an einem Sicherheitsanker festhalten können, um nicht gänzlich im Dunkeln zu tappen. Ich will mich auf die Suchaktion vom April, auf den 2. Mai und den 5. Juli konzentrieren!

Die «Säuberung» vom April war vorhersehbar, es gab immer mehr Anzeichen dafür, daß unsere Sicherheit nur noch an einem seidenen Faden hing.

Die Informationen, die uns aus dem Tal erreichten, waren dürftig. Keine einzige Nachricht über die Stärke und Stationierung der Einheiten, die die Gegend von Cuneo besetzt hatten, sondern nur die Bestätigung dafür, daß die Deutschen alle und alles kontrollierten, während sich die Faschisten wie ein Haufen Landsknechte aufführten und die Deutschen an Grausamkeit sogar noch übertrafen. Nichts also, was wir nicht schon wußten.

Das Schlimmste erwarteten wir aus der Gegend von Mondoví. Dort hatten die Deutschen schrecklich gehaust und zogen auch nach dem Ende der «Säuberung» in den Tälern des Casotto und des Pesio nicht ab.[11] «Es ist nur eine Frage von Stunden oder Tagen», sagten wir uns, «dann werden uns zweitausend Deutsche auf den Fersen sein.» Wir waren davon überzeugt, daß in ihren Operationsplänen auch das Vorgehen gegen unsere Formationen in den Tälern des Gesso, der Stura und der Grana vorgesehen war, weil wir schon allzu lange die Verbindungswege nach Frankreich störten und auch für Cuneo selbst eine Bedrohung darstellten.

Der Blick auf eine topographische Karte zeigt, daß die Täler von Gesso, Stura und Grana von einem Bergmassiv abgeschlossen und von der Ebene aus leicht zu erreichen sind. Sie eignen sich also bestens zur Einkesselung. Das Stura-Tal

---

[11] Im Frühjahr 1944 starteten deutsche Besatzungstruppen der Wehrmacht, der Ordnungspolizei und der SS eine Offensive gegen die ersten Partisanenformationen im ganzen besetzten Italien. Nuto Revelli erwähnt in seinem Text ausdrücklich die «Säuberung» des Casotto-Tales (13. bis 17. März) durch Truppen der 356. Infanterie-Division unter dem Befehl von Oberst Günther Rohr sowie das sogenannte «Unternehmen Stuttgart» (8. bis 13. April), das von Wehrmachts-Territorialeinheiten durchgeführt wurde, die Oberstleutnant Otto Böckheler unterstanden. Wenige Tage nach dem Abschluß von «Stuttgart» begann das «Unternehmen Tübingen» im Stura-Tal, über das Revelli auf den folgenden Seiten berichtet.

war besonders wichtig und besonders verwundbar. Besonders wichtig, weil hier die Landstraße nach Frankreich über den Colle della Maddalena verläuft; besonders verwundbar, weil es zwischen dem Tal des Gesso und dem der Grana liegt und daher leicht zur Falle werden konnte.

Vom Tal aus gesehen konnten sich die Deutschen über die Bedingungen in den Bergen täuschen. Nur oberhalb der 1800-Meter-Grenze blieb der Schnee liegen, und darunter gab es kaum Vegetation, so daß das fast nackte Gelände wie eine freie Schußfläche erschien.

Wir waren uns bewußt, daß wir schlecht ausgerüstet waren und daß die Gegner im Vergleich zu uns über riesige Kräfte verfügten.[12] Aber wir betrachteten uns nicht als ein Heer von Don Quichottes. Wir besaßen Phantasie, Wut und Anpassungsvermögen, vor allem aber waren wir jung.

Meine IV. Gruppe verfügte über fünf Maschinengewehre der Marken Fiat und Breda, fünf andere Maschinengewehre, davon drei französische, und über drei leichte Granatwerfer. Zum persönlichen Besitz der Partisanen gehörten Gewehre Baujahr 91 oder Karabiner Baujahr 38. Es gab drei Beretta-Maschinenpistolen, zwei englische Sten, zwei russische Parabellum, eine französische Mas, eine amerikanische Thompson und eine deutsche Maschinenpistole.

Das Durchschnittsalter der 70 Mitglieder in der IV. Gruppe lag bei zwanzig Jahren.

Wir hatten alles durchüberlegt, wie wir die Deutschen angreifen könnten, ohne von ihnen übermannt zu werden. In

---

12 Die Stärke (oder Schwäche) der Partisanen sahen so aus: Im Gesso-Tal waren die Partisanen der III. Gruppe. Im Stura-Tal 70 Mann der IV. Gruppe, die ihre Stellung im Arma-Tal (einem Seitental) in dem Bereich zwischen dem Fedio di Demonte und dem Monte Viridio hatten. Darüber hinaus noch 150 Mann der II. Gruppe im Bereich der Grenzbefestigungen zwischen Colle dell'Ortica und Colletto di Moiola. Weiter talwärts lagen im Gebiet des Paralup 40 Partisanen der I. Gruppe. Im Grana-Tal befand sich der Kern der V. Gruppe, die noch im Aufbau war und 20 Mann umfaßte.

einem immer wieder diskutierten Operationsplan hatten wir mit fanatischer Genauigkeit alle Eventualitäten durchgespielt: den Angriff vom Tal aus, vom Gebirge her, von den Flanken oder auch von allen Seiten. Und unser Operationsplan, der mehr auf die Offensive als die Defensive zielte, sah so aus: keine Sperrlinie durchs Tal, keine Sicherheits- oder Widerstandslinie, statt dessen eine Reihe von beweglichen Feuerstellungen, die auf der einen Talseite tiefgestaffelt sein sollten. Wir mußten den Feind von vornherein stören und einen solide im Gelände verankerten Widerstand vortäuschen. Wenn der Feind einmal die Deckung verlassen hätte, wollten *wir*, nicht die Deutschen, das Katz-und-Maus-Spiel beginnen. Die katastrophale Erfahrung der Partisanen aus dem Casotto-Tal diente uns als warnendes Beispiel.[13]

Kurz vor Sonnenaufgang kamen sie am 20. April mit tausend oder mehr Soldaten, mit einer Kolonne von 27 Mannschafts- und verschiedenen Lastwagen, mit vier Panzern und mindestens ebenso vielen fahrbaren Geschützen. Nach einem kurzen Halt auf der Geraden vor Demonte erreichten sie den Eingang des Arma-Tales, der die Basis für den Angriff bilden sollte.[14]

13 Am Vorabend der «Säuberung» hatte die Gruppe des Autors vom Regionalen Militärkommando der piemontesischen Partisanenverbände (Comando Militare Regionale Piemontese, CMRP) einen Bericht des Kommandeurs der Partisanenformationen des Casotto-Tales, Major Mauri, erhalten, den dieser nach den dramatischen Ereignissen des 13. bis 17. März nach Turin übermittelt hatte. Die Partisanen hatten den Fehler gemacht, den Deutschen starren Widerstand zu leisten, und waren fast vollständig zerschlagen worden.   14 Folgende Einheiten der deutschen Wehrmacht haben an dem «Unternehmen Tübingen» teilgenommen: Sicherungs-Regimentsstab 38 (Oberstleutnant Böckheler), II. Btl. (georg.)/198 (Hauptmann Schulz); Ost-Bataillon 263 (Hauptmann Buschmeyer); Feldgendarmerie-Abteilung (mot.) 541 (Major Müller Georgé); 1. Kompanie der Panzer-Abteilung 208 (4 Panzer); einige «Jagdkommandos» der Luftwaffe sowie Aufklärungsflugzeuge. Die Gesamtstärke der deutschen Truppen war etwa 2000 Mann. Vgl. Bundesarchiv-Militärarchiv, Freiburg, RH 31 VI/8.

Sie ließen sich Zeit. Vielleicht hatten sie noch nicht entschieden, ob sie gleichzeitig unsere IV. Gruppe und auch die II. der «Fortini» angreifen sollten, oder vielleicht mußten sie auch einen neuen Operationsplan entwerfen, der den Einsatz einiger Einheiten an anderen Punkten vorsah.

Genau um acht Uhr, als sie sich in Marsch setzten, glaubten wir unseren Augen nicht zu trauen. Sie gingen in geschlossenen Reihen ohne jeden Flankenschutz im Talgrund entlang, als handelte es sich um ein Kriegsspiel. Als jedoch die Brücke über den Cant fast unter ihren Füßen explodierte, merkten sie, daß auch wir wachsam waren, und bereit, sie gebührend zu empfangen.

Wir kämpften drei Tage lang im Arma-Tal und gaben nie die Initiative aus der Hand. Dann erreichten wir nach einem anstrengenden Marsch die Schuppen von Narbona an der Wasserscheide zwischen Grana- und Maira-Tal, die wir als Materiallager benutzten. Dort richteten wir unseren Stützpunkt ein.

Wir hatten die schweren Auseinandersetzungen fast ohne Verluste überstanden und konnten von oben her die Situation immer noch kontrollieren. Aber wir fürchteten, daß die «Säuberungen» auch auf unser Gebiet ausgedehnt werden könnten. «Wir bleiben drei oder vier Tage hier», sagten wir uns, «um wenigstens ein bißchen zu Kräften zu kommen. Dann kehren wir ins Arma-Tal zurück, denn dort ist inzwischen Niemandsland. Die Schuppen von San Giacomo bilden die sicherste Rückzugsbasis.»

Am Morgen des 27. wurde aber Alarm gegeben. Wir waren eingekreist. Drei Kolonnen kamen den Hügel von Narbona herauf, und die erste war nur ein paar Hundert Meter unterhalb von uns.

Wir schossen wie die Verrückten und konnten auch diese Gefahr abwehren. Kurz vor Sonnenuntergang machten wir uns auf den Marsch zu den Schuppen von

San Giacomo über die verschneiten Hänge des Monte Viridio.

Als es bereits dunkel war, trafen wir auf dem Kamm zwischen dem Grana- und dem Stura-Tal einige Männer der II. Gruppe, die ebenfalls zum Arma-Tal unterwegs waren. Wir erfuhren, daß sie am frühen Nachmittag in der Gegend von Chiappi[15] ebenfalls angegriffen worden waren. Es hatte zahlreiche Tote und Verletzte auf unserer Seite gegeben, und fünfzehn Partisanen waren von den Russen gefangengenommen worden.[16]

Nach zehntägigen Verfolgungsmanövern in den Bergen, nach heftigen Gefechten und langen, ziellosen Märschen verließen die Deutschen die Täler.

Die Auseinandersetzung war ohne Sieger und Besiegte ausgegangen, die einzig Besiegten waren die wenigen Toten auf beiden Seiten. Aber dieses Ergebnis paßte den Deutschen nicht, die um jeden Preis zu siegen gewohnt waren.

In der Kaserne von Tetto Gallotto warteten die vierzehn gefangenen Partisanen auf ihr Schicksal. Aus Rache wollten die Deutschen sie nicht gleich aus dem Weg räumen[17], sondern sie in einer aufsehenerregenden Aktion standrechtlich erschießen. Damit sollten die ursprünglichen Kräfteverhältnisse wiederhergestellt und eine Warnung erteilt werden.

---

15 Weiler im oberen Grana-Tal.   16 Es handelte sich um ehemalige Kriegsgefangene, die von den Deutschen in sogenannte Ost-Bataillone eingegliedert wurden. Später erwiesen sich die Verluste der II. Gruppe als weniger schlimm, denn es gab nur zwei Gefallene und 14 Gefangene. 17 Fünf Partisanen aus dem Gesso-Tal (Ildo Vivanti, Luigi Barolo, Armando Cairola, Luigi Oliaro, Vittorio Ussi), die in der Nähe von Desertetto (Valdieri) gefangen worden waren. Sie wurden ins Tal gebracht und am Abend bei San Rocco Castagnaretta an der Stura erschossen.

Das Zeugnis des Partisanenpfarrers aus Borgo San Dalmaz-zo, Don Raimondo Viale, hilft mir, die Erinnerung an diesen 2. Mai wieder aufleben zu lassen.[18]

«Am Abend des 1. Mai gaben die Deutschen der Gemeinde von Borgo den Befehl, unverzüglich vierzehn Särge zu beschaffen. [...]

Am anderen Morgen um acht Uhr war ich schon vor der Kaserne von Tetto Gallotto.

‹Wie kann ich in die Kaserne gelangen, wenn ich mich nicht verständlich machen kann?› fragte ich mich in diesem schwierigen Augenblick. Ich wußte nur, daß man für ‹mamma› auf deutsch ‹Mutter› sagt, und noch ein paar andere beliebige Wörter. Vor allem aber hatte ich Angst, daß irgendein Faschist auftauchen und mich erkennen würde. Statt dessen kam ein deutscher Feldwebel, der mich von unten bis oben musterte, so als wollte er mich fragen, was ich hier zu suchen habe. Es war ein dicker Mensch, eher höhnisch als komisch, einer von den Typen, denen es gefällt, anderen Angst einzujagen. Ich sagte zu ihm: ‹Partisan sehen›, und versuchte, mich durch Gesten verständlich zu machen. Als Antwort erhielt ich ein breites Lachen: ‹Ha, ha, ha› und dann ein boshaftes Lächeln. ‹Ich möchte, daß sie die Absolution und die Kommunion erhalten›, fing ich wieder an, und hoffte im Stillen, daß er Katholik sei. ‹Ha, ha, ha›, lachte er wieder unbändig los, und trat mir fast auf die Füße, um mich zu demütigen.

Aber es ist eben wahr, daß die Vorsehung die Dinge ändert. Es kam ein Mann in Zivil, dem Aussehen nach Italie-

18 Don Raimondo Viale, geboren 1907 in Limone Piemonte, war 1940 zu Zwangsaufenthalt verurteilt worden und schloß sich nach dem 8. September 1943 den Partisanen an. Er setzte sich vor allem für die Rettung von Juden ein, die sich von Saint-Martin Vésubie (Frankreich) in die Gegend von Borgo San Dalmazzo durchgeschlagen hatten (vgl. dazu Alberto Cavaglion, *Nella notte straniera*, Cuneo 1981). Don Viales Bericht geht auf das Jahr 1982 zurück, als der Autor durch die Vermittlung von Mario Castella in einem Tonbandprotokoll die gesamte Lebensgeschichte des Pfarrers aufzeichnen konnte.

ner, und fragte mich: ‹Hochwürden, was beunruhigt Sie?› ‹Ja, vielleicht können Sie sich vorstellen, was mich beunruhigt. In dieser Kaserne müssen vierzehn junge Männer sein, die erschossen werden sollen. Ich möchte sie sehen, ich möchte mich bei den Offizieren für sie verwenden, aber leider kann ich kein Wort deutsch.› ‹Ich bin der Dolmetscher. Was Sie verlangen, ist nicht möglich, denn der Urteilsspruch ist unwiderruflich. Ich werde mich jedoch darum bemühen, daß Sie die jungen Männer sehen können. In einer Stunde werden sie in die Kaserne von San Rocco verlegt, wo noch einige Fragen zu klären sind. Sie werden mit uns kommen. Haben Sie keine Angst, mit den Deutschen zu fahren.›

Nach einer Stunde kam ein Mannschaftswagen mit den vierzehn Gefangenen aus der Kaserne. Dahinter ein Geländewagen mit einigen deutschen Offizieren, dem Dolmetscher und mir. [...]

In der Kaserne von San Rocco wurden die Männer in einen großen Saal geführt, und der Dolmetscher sagte zu mir: ‹Kommen Sie, kommen auch Sie, zeigen Sie aber keine Angst. Auch, wenn Sie Bewaffnete sehen, lassen Sie sich nicht beeindrucken. Vielleicht haben Sie eine halbe Stunde Zeit, um mit den jungen Leuten zu reden, solange die Offiziere debattieren.›

Ich betrat den Raum und sah vier mit Maschinenpistolen bewaffnete Deutsche um einen riesigen Tisch lungern. Sie unterhielten sich laut und lachten höhnisch. Im Hintergrund des Raumes standen die jungen Männer schweigend beieinander und gaben mir mit den Augen Zeichen, mich ihnen anzuschließen.

Ich begrüßte zuerst Boschiero, der mit seinen blonden Haaren besonders auffiel, wie eine Christusgestalt. [...] Es waren nur dreizehn Männer, weil der vierzehnte schon von den Todeskandidaten getrennt worden war.

Ja, was habe ich gesagt? Ich ließ mich ganz von der Eingebung leiten. Mir kamen die Tränen, aber ich mußte mich zusammenreißen.

‹Wißt ihr, daß eure Strafe ... Ich sehe, daß einer fehlt, vielleicht lassen sie auch euch laufen. Die Offiziere diskutieren. Sie haben euch schon von Borgo nach Cuneo gebracht, wer weiß, was diese Verlegung zu bedeuten hat. Auf jeden Fall bin ich jetzt hier, ich bin ein Freund der Partisanen, ich bin Don Viale, der Pfarrer von Borgo. Vielleicht hat einer von euch schon von mir gehört.›

Da sagte mir Beppe Lerda: ‹Ach ja, der Vikar von Borgo. Sie sind schon früher als wir alle Partisan gewesen.› Diese seine Worte haben mir wieder ein bißchen Mut gemacht. Ja, er war ein guter Junge, tüchtig und intelligent.

‹Wollt ihr die Beichte ablegen?› fragte ich sie. ‹Ich werde auch versuchen, euch die Kommunion zu erteilen, denn heute braucht ihr Mut und große Kraft, um die Ereignisse als gute Christen so gut wie möglich zu bestehen. Wenn aber einer von euch nicht gläubig ist ...›

‹Nein, nein, wir sind alle Christen›, antworteten sie mir, ‹und wir tun alles, was Sie sagen, gern, sehr gern.›

‹Also kommt einer nach dem anderen hinter diesen Ofen›, denn es gab einen großen Ofen wie in den Schulen. ‹Kommt da hin und beichtet, wenn euch etwas auf dem Herzen liegt. Der Herr ist schon unter euch, er sieht und hört euch. Der Herr wird auch mit dem heiligen Sakrament der Kommunion zu euch kommen. Zittert nicht, habt keine Angst, sondern seid ganz ruhig.›

So nahm ich allen die Beichte ab. Sie vertrauten mir vieles an, gaben mir ihre Adresse und baten mich: ‹Benachrichtigen Sie nicht brieflich, gehen Sie selbst hin, wenn Sie irgend können ...› [...] Vier stammten aus Turin, drei aus Carmagnola, einer aus Vicenza, einer aus Boves, einer aus Borgo, einer aus Genua, einer aus dem Süden und einer aus Spinetta Marenco.[19] Der älteste von ihnen war Boschiero mit 32 Jahren, die anderen waren alle um die zwanzig. [...]

19 Das deutsche Protokoll für die Reihenfolge der Erschießung gibt folgende Namen an: 1) Lerda Giuseppe, 2) Ferrero Vittorio, 3) Longo Galli-

Zwischen zwölf und ein Uhr kam der Dolmetscher zu mir und sagte: ‹Wie Sie sehen, sind es nur dreizehn. Auf meinen Vorschlag hin hat man beschlossen, wenigstens einen der zwei Brüder zu schonen.²⁰ Er wird nach Deutschland verschickt. Die dreizehn werden nach Borgo gebracht. Besorgen Sie sich ein Fahrrad und fahren Sie so schnell wie möglich zum Friedhof nach Borgo, wo um 14 Uhr die Erschießung stattfinden soll.›

Inzwischen war Don Marro, der Pfarrer von San Rocco, mit den Hostien für die Kommunion erschienen. [...]

Als ich kurz vor 14 Uhr am Friedhof von Borgo anlangte, sah ich die Särge schon bereitstehen. [...] Der Wagen kam erst um 17 Uhr. Sie gestatteten mir noch einmal, zu den Gefangenen zu gehen, während die Vorbereitungen für die Erschießung getroffen wurden.

Etwa zehn Meter von der Friedhofsmauer entfernt wurden zwei Pfähle in die Erde gerammt. Dann riefen sie Beppe Lerda und Vittorio Ferrero. Sie zwangen sie, die Schuhe auszuziehen und barfuß zu laufen. Sie fesselten sie an die Pfähle und verbanden ihnen die Augen. Dann die Gewehrsalven. Dann wurden die ersten zwei in die Särge gelegt, und zwei andere kamen dran. Der deutsche Feldwebel von Tetto Gallotto leitete die Operation. [...]

Das Massaker vollzog sich mit entnervender Langsamkeit. Nach zwei Stunden endlich gab es nur noch die von Kugeln durchsiebten Pfähle und dreizehn Särge.»

In den Tagen nach dem 2. Mai verließen die meisten Abteilungen der «Fremden» endgültig unsere Provinz, um anderswo eingesetzt zu werden.

ano, 4) Giordano Lorenzo, 5) Tuninetti Giovanni, 6) Cavallera Tomaso, 7) Bobbio Armando, 8) Boschiero Riccardo, 9) Paparella Domenico, 10) Donadio Pietro, 11) Quaranta Michele, 12) Gozzo Prospero, 13) Berno Erpidio. Am Abend der Erschießung ließen einige betrunkene Deutsche diese Liste in einer Osteria von Borgo San Dalmazzo liegen, und dann wurde sie im Rathaus abgegeben.   20 Die Brüder Quaranta aus Carmagnola.

Danach herrschte zwangsweise eine Art Waffenstillstand zwischen den feindlichen Parteien. Übrig blieben die wenigen Deutschen, die Cuneo besetzt hielten, und die wollten nur unbehelligt bleiben. Die Partisanen ihrerseits waren damit beschäftigt, ihre Formationen wieder in Ordnung zu bringen, und hatten deshalb keinerlei Interesse daran, die Deutschen im Tal zu provozieren.

Das faschistische Ultimatum vom 25. Mai[21], das Verweigerer, Deserteure und reuige Partisanen zum Aufgeben bewegen sollte, erwies sich als kläglicher Mißerfolg. Statt dessen flohen Hunderte von jungen Leuten in die Berge und baten um Aufnahme in die Partisanengruppen.

Die von beiden Seiten mehr erduldete als gewollte Waffenpause endete am 5. Juli abrupt mit dem Attentat auf den deutschen Leutnant Leopold Riepl an der Staatsstraße Cuneo–Borgo. In der faschistischen Zeitschrift *Piemonte Repubblicano* vom 8. Juli war in einem Leitartikel über das feierliche Begräbnis des deutschen Offiziers zu lesen: «Eine bewaffnete Formation von russischen Freiwilligen, die der tapfere Leutnant befehligt hatte, marschierte dem Sarg voraus. [...] Am Zügel geführt folgte das Pferd des Gefallenen.»

8. Juni

Erst jetzt, nachdem ich die damaligen Ereignisse in eine chronologische Reihenfolge gebracht habe, merke ich, daß ich mich in der gleichen Lage wie vorher befinde.

Ich weiß nichts über die deutschen Einheiten, die in der Zeit zwischen dem 2. Mai und dem 5. Juli in Cuneo und in den verschiedenen Kasernen der Umgegend stationiert waren. Ich verfüge nur über die Kenntnis, daß in der Kaserne

---

[21] Das Dekret Nr. 145 vom 18. April 1944 gewährte denjenigen, die der vom faschistischen Kriegsminister Rodolfo Graziani am 18. Februar verkündeten Mobilmachung nicht gefolgt waren, Amnestie, wenn sie sich bis zum 25. Mai 1944 stellten.

von Tetto Gallotto ein georgisch-armenisches Bataillon lag.[22] Auch in der Kaserne von San Rocco war in den Monaten Mai und Juni vielleicht eine Einheit aus dem Osten, möglicherweise aus Rußland, untergebracht. Wie kann ich diese Wissenslücken füllen? Die sonst so wertvollen «mündlichen» Quellen können mir hier nicht weiterhelfen. Die «schriftlichen» Quellen, wenn es sie denn gibt, sind wer weiß wo verstreut.

Aber ein ganz anderes Problem muß gelöst werden, und zwar möglichst schnell, denn davon hängt die ganze weitere Untersuchung ab. Wann hat die Begebenheit von San Rocco tatsächlich stattgefunden? Nino gibt, obwohl er sich nicht ganz sicher ist, die zweite Hälfte August an, als er in Barricate im oberen Stura-Tal war. Luigi und Giovanni dagegen legen sich auf Ende Mai, Anfang Juni fest, und vielleicht haben sie recht. Aber ich brauche weitere Beweise, denn sonst laufe ich Gefahr, einem Phantom nachzuspüren, und noch dazu zur falschen Zeit.

Und wiederum stelle ich mir die Frage, ob es einen Sinn hat, eine solche schwierige und aufwendige Forschungsarbeit überhaupt in Angriff zu nehmen. Vor einigen Monaten nur hätte ich mich für einen verrückten Selbstquäler gehalten, mich in eine Geschichte hineinziehen zu lassen, deren Hauptperson ausgerechnet ein Deutscher ist.

Ich muß aus dieser Situation der Unsicherheit und des Zweifels herauskommen. Entweder gebe ich auf, aber ich weiß schon, daß mir dann die Zweifel und Selbstvorwürfe keine Ruhe mehr lassen werden; oder aber ich stürze mich in die Untersuchung, um sie um jeden Preis zu Ende zu führen.

Ich komme nicht von dem Wunsch los, dem «Vermißten» einen Namen zu geben, sei er nun deutsch, polnisch oder

[22] Tatsächlich bestand das georgische Bataillon II/198 nur aus Georgiern.

russisch. Ich will alles über ihn wissen: Wo er geboren und aufgewachsen ist, wie er den Krieg erlebt hat, wie und wann er nach Cuneo gekommen ist. Schließlich will ich den Kreis schließen und Klarheit über die letzten Stunden seines Lebens schaffen.

Dabei wäre es schon viel, wenn ich eine möglichst haltbare Version der Begebenheit von San Rocco skizzieren könnte, die wenigstens die ungeklärten Fragen deutlich herausarbeitet. Nur so kann ich mir über die Komplexität des Problems überhaupt Rechenschaft ablegen und dann entscheiden, ob ich aufgeben will oder nicht.

Schon seit einiger Zeit habe ich mir in den Kopf gesetzt, daß der «Vermißte» ein deutscher Offizier um die zwanzig war, der gegen Ende Mai in die Kaserne von San Rocco kam, um den Aufbau einer Einheit von anfangs etwa dreißig ukrainischen Soldaten zu befehligen.

Wie aber sah die Umgebung aus, in die der von wer weiß wo gekommene Deutsche geraten war?

Die Kaserne war fast neu, sah aber schon heruntergekommen aus und wirkte wie eine Insel aus Zement in der Landschaft. Die nach allen Regeln der Kunst angelegte Ringmauer umschloß ein riesiges Areal und gab Sicherheit. Das Eingangstor öffnete sich auf eine kleine Landstraße und war aus vier Holzbalken zusammengenagelt, denn Eisen war damals wertvoller als Gold.

Die sechs eingeschossigen Kasernengebäude lagen wie Fabrikhallen alle in einer Reihe und waren noch nicht fertig. Auf den Flächen zwischen den Gebäuden und davor wuchs Unkraut.

Es ist nur natürlich, daß man aus einer solchen Umgebung, in der die melancholische Stimmung einer verlassenen Baustelle herrschte, auszubrechen und anderswo ein bißchen Leben zu finden suchte. Aber es ist nicht zu verstehen, daß ausgerechnet ein deutscher Offizier, noch dazu niedrigen Ranges, der sich keine Freiheiten herausnehmen konnte und gerade erst angekommen war, die elementarsten Vorsichtsmaßregeln völlig außer Acht ließ.

Wer aber war jener Fremde, der sich jeden Morgen, immer um die gleiche Zeit, den Luxus eines Ausritts gestattete? War er ein Privilegierter, dem niemand Befehle zu erteilen wagte? Oder war er ein Rebell gegen alles und alle, der bewußt das Risiko einging?

Gewiß, wenige Kilometer vor Cuneo in der Kaserne von Tetto Gallotto lag ein georgisch-armenisches Bataillon, das die Fahrstraße zwischen Cuneo und Borgo einigermaßen unter Kontrolle hatte. Borgo lag aber andererseits am Eingang zu den Tälern der Vermenagna, des Gesso, der Stura, in denen die Partisanen operierten. Auch oberhalb von Boves an den Hängen der Bisalta, von denen Cuneo ebenfalls noch erreichbar war, lagen Partisaneninformationen, die besonders in der Ebene operierten.

Es ist undenkbar, daß niemand von den Soldaten der Kaserne von San Rocco, auch wenn sie nur vorübergehend dort stationiert waren, über die Lage in der Umgebung Bescheid wußte. Erinnerte sich niemand an die früheren Ereignisse, an das Massaker von Boves, an die Erschießungen und die Greueltaten? An die «Säuberungen» im April, den 2. Mai? Die dreizehn Partisanen, die später in Borgo San Dalmazzo erschossen wurden, waren für einige Stunden gerade in dieser Kaserne gewesen, wo vielleicht das Kriegsgericht getagt hatte. Ist es denkbar, daß in der Kaserne von San Rocco kein Feldwebel oder Soldat in der Lage gewesen wäre, den Offizier über die Gefahren draußen aufzuklären?

Je mehr ich darüber nachdenke, desto mehr bin ich davon überzeugt, daß dieser kaum zwanzigjährige Offizier weder ein Dummkopf noch ein Draufgänger war, sondern einer, der im Krieg schon zuviel erlebt hatte und deshalb dazu neigte, die Situation als nicht besonders dramatisch einzuschätzen. Vielleicht war er wirklich ein «guter Deutscher», wie meine Zeugen versichern.

Anfangs war er nur bis Tetto Graglia geritten und hatte

die Via Bodina nicht verlassen. Dann aber hatte er sich weiter gewagt, bis zur Kapelle der Crocetta an der Grenze zwischen Cuneo und Borgo San Dalmazzo. Aber der Streifen zwischen der Hochebene und dem Gesso zog ihn wie ein Magnet an. Dort waren keine Felder, so daß man dem Pferd freien Lauf lassen konnte. Weil dort keine Bäume standen, konnte man das Panorama der Berge in seiner ganzen großartigen Schönheit voll genießen.

Wer nicht langsam einen Fuß vor den anderen setzt, sondern über ein Fortbewegungsmittel verfügt, schätzt die Gefahr, die er vor sich hat, nicht immer richtig ein. Ohne es zu wollen, wird er übermütig.

Schließlich hatte der einsame Reiter die Straße von Tetto Graglia am Ufer entlang genommen und war immer weiter ins offene Feld hinausgeritten.

In den Tagen darauf war er nicht mehr bloß bis zum Gesso hinuntergeritten, sondern hatte sich entlang des weißen Kiesbettes bis über die Grenze von Borgo hinaus gewagt.

Wann, wo und wie diese Ausritte ein Ende gefunden haben, könnten mir einzig und allein die Urheber des «Handstreichs» sagen. Aber würden sie überhaupt bereit sein zu reden?

Sandro schließt aus, daß diese «unüberlegte» Aktion den Partisanen zugerechnet werden kann. Aber die «Versprengten» wollten nichts riskieren. Sie lebten am Rande unserer Gruppen, und ihr einziges Ziel war zu überleben. Sie hätten nie einen Deutschen tagelang beobachtet, um ihn dann zu überwältigen und ihm seine Pistole abzunehmen.

Und das Nachspiel zu dem Attentat? Das Verschwinden eines deutschen Offiziers nicht im Laufe einer Kampfhandlung, sondern ohne erkennbaren Zusammenhang und noch dazu ganz in der Nähe von Cuneo, war eine außergewöhnliche Sache. Wie läßt sich erklären, daß die Nachforschungen nach ein oder zwei Tagen eingestellt wurden? Und wie läßt sich erklären, daß es keine Repressalien gab?

Ich versuche mir vorzustellen, was geschah, als das Pferd ohne Reiter am Tor der Kaserne ankam. Sicher hat man wertvolle Zeit verstreichen lassen. Vielleicht hat man nicht gleich an das Schlimmste gedacht, sondern an einen Reitunfall, ein plötzliches Unwohlsein, ein Unglück. Vielleicht hat man erst nach erfolglosem Suchen in der Umgebung die Gegend systematisch durchkämmt.

Die für die Suchaktion eingesetzte Einheit umfaßte nicht mehr als vierzig Mann, fast alle Ukrainer. Sie suchten vergebens nach Spuren, die es nicht gab, und kehrten unverrichteter Dinge heim.

An diesem Tag verhaftete man nur noch einige Bauern.

Zu den vielen Fragen, auf die ich keine einleuchtende Antwort weiß, gehört die, warum die Repressalien ausblieben. Waren die Deutschen so schlecht dran, daß sie sogar auf die übliche Strafaktion verzichteten? Oder wollten sie etwaige Verhandlungen über die Herausgabe der Geisel nicht gefährden? Vielleicht aber hat man auch nach ein paar Tagen entschieden, einfach Schluß zu machen und die Abteilung von Ukrainern – die zu unzuverlässig war, um in dieser Gegend zu operieren – anderswohin zu verlegen, möglicherweise nach Frankreich.

In mir wird die Versuchung immer stärker, diese ganze ungereimte Geschichte ein für allemal fallenzulassen. Aber ich kann und will nicht aufgeben.

Die Gestalt dieses «Vermißten», sei er nun Deutscher, Pole oder Russe, hat für mich längst Symbolwert, seine ganze Geschichte ist längst Teil meines eigenen Lebens.

10. Juni

Menschen, die einfach verschollen sind, «Vermißte». Inzwischen sind fünfzig Jahre verflossen, aber ihre Angehörigen halten sie immer noch für lebendig, sie glauben daran und geben nicht auf.

Nicht nur einmal, sondern unzählige Male lief auch ich in den endlosen Tagen und Nächten des Rückzugs aus Rußland Gefahr, ein «Vermißter» zu werden. Wegen einer Lappalie konnte man sich verirren.

Wir, die Überlebenden, die Glücklichen, haben zuerst in Schlobin[23] und später in Udine[24] versucht, die Mannschaftsliste der 46. Kompanie[25] zu rekonstruieren, um die Gefallenen und Vermißten zu zählen. Für jeden Gefallenen mußte ein Dokument mit der Unterschrift zweier Zeugen vorliegen. Alle anderen wurden in die lange Liste der «Vermißten» eingetragen.

Die große Hoffnung, daß die «Vermißten» der russischen Front in den Kriegsgefangenenlagern der Sowjetunion überlebt hatten, hätte sich nach Kriegsende als falsch erweisen müssen, nachdem die letzten überlebenden Gefangenen in die Heimat entlassen worden waren. Dennoch ist die Hoffnung geblieben. Das Drama der «Vermißten» ist wirklich das grausamste Erbe jedes Krieges.

Vor Jahren sagte mir die Schwester eines «Vermißten»[26]: «Ein Toter ist ein Toter, damit findet man sich schließlich ab. Aber nicht zu wissen, ob er am Leben oder tot ist, bedeutet Leiden ohne Ende.»

---

[23] Ort in Weißrußland südöstlich von Minsk, wo die Division «Tridentina» vor dem Rückzug stationiert war. [24] In Udine lag die «Tridentina» nach ihrer Rückkehr in Quarantäne. [25] In Schlobin und Udine kam man zu folgenden Ergebnissen über die Mannschaftsstärke der 46. Kompanie: Am Don betrug die Anfangsstärke am 16. Januar 1943 350 Mann. 16 Gefallene, 127 Vermißte, 79 im Lazarett, 123 mit der Einheit auf dem Weg in die Heimat; 5 Soldaten waren in Priluk beim Troß geblieben. Diese Zahlen beziehen sich auf eine Abteilung, die während des Rückzugs als «effizient» und gut organisiert eingeschätzt worden war, obwohl sie manchmal nur ein paar Dutzend Mann umfaßte. [26] Giovanna Rovere, verheiratete Rosa, geboren 1924 in Trinità (Cuneo), Schwester von Giovenale, geboren 1922, in Rußland vermißt (Aussage vom 31. August 1978).

Eine andere meiner «Augenzeuginnen»[27] hat mir folgende traurige Geschichte erzählt, die keineswegs einen Extremfall darstellt:

«Wann Marco nach Rußland aufgebrochen ist? Im Sommer 1942 waren Marco, Luigi und Oreste, alle drei aus unserem Ort, gekommen, um sich zu verabschieden. Sie taten so, als wären sie fröhlich. Ich erinnere mich, wie wir ihnen mit den Blicken folgten, als sie den Fußweg ins Tal nahmen. Luigi hatte sich den Gebirgsjägerhut verkehrt herum mit dem Schild im Nacken aufgesetzt und rief uns Mädchen zu: ‹Heiratet nicht, wartet auf mich!› Ich war schnell zu Marcos Mutter Ginota gelaufen. Sie kniete im Stall auf einer Bank, mit dem Rosenkranz in der Hand, und sagte immer wieder zu mir: ‹Ach mein armer Marco, jetzt nimmt der Krieg ihn mir fort.› Dann kam der Januar 1943, und alle haben von Rußland gesprochen.

Eines Morgens fragte Ginota ihre Nachbarin: ‹Hast du dir gestern vor meiner Tür den Schnee von den Schuhen geklopft?› ‹Nein, ich war es nicht.› ‹Dann war es mein Marco, der vor Hunger und Kälte umgekommen ist.› Von jenem Tag an hungerte sich Marcos Mutter zu Tode.»

3. Juli

Am frühen Nachmittag gehe ich mit Nino als «Vermittler» in die Gegend von Borgo San Dalmazzo, um Carlo zu finden, den Freund von Luigi, der einige wichtige Aussagen machen könnte. «Er wohnte ganz in der Nähe der Bahnunterführung», sagte mir Nino, «und er weiß viele Dinge.» Ich mache mir keine allzu großen Hoffnungen, aber vielleicht kann er mir wenigstens helfen, den Tag des Attentats genauer zu bestimmen.

Carlo ist auf dem Feld und wartet darauf, daß er mit dem

27 Domenica Crespo, verheiratete Picca, geboren 1923 in Paesana (Cuneo), Ortsteil Pian Lavarino (Aussage vom 24. Januar 1980).

Wasser an die Reihe kommt. Wie er mit der Schaufel in der Hand am Bewässerungsgraben steht, sieht er aus wie ein Wachposten. Sobald er Ninos Stimme erkennt, verläßt er seinen Platz und kommt uns entgegen. «Was tust du denn hier? Ich habe leider nur ein paar Minuten Zeit», entschuldigt er sich gleich. Nino sagt ihm ohne Umschweife, worum es uns geht. «Nein, ich sage nichts, ich will von dieser Geschichte nichts mehr wissen», antwortet Carlo spontan und gestikuliert, als wollte er eine Wespe von seiner Nase vertreiben. Nino aber läßt nicht locker, beruhigt ihn und kann ihn schließlich dazu überreden, uns wenigstens zu sagen, ob das Attentat im Juni oder im August stattfand.

«Es war am 10. oder am 15. Juni», murmelt Carlo, der schon ganz aufgeregt ist. «Wir wohnten in Gesso. Nicht eigentlich in Gesso, sondern neben dem Hof der Donati, und wir trieben jeden Morgen das Vieh auf die Weide. Und dieser arme Kerl ritt auf seinem Pferd vorbei, ein wunderschönes Pferd mit einer fast weißen Mähne, ein großartiges Pferd. Und dieser deutsche Leutnant oder Major, der jeden Morgen pünktlich kam? Er war freundlich, sah gut aus und war jung, so etwa um die achtunddreißig oder vierzig. Er war blond und vielleicht einen Meter siebzig oder achtzig groß. [...] Er kam zwischen halb zehn und zehn, nie später, und unterhielt sich mit meiner Schwester, denn er sprach ein bißchen italienisch. Er ließ durchblicken, daß er die Gegend um die Crocetta inspizierte. Dann ritt er in Richtung der *Bisot*, wo unsere Äcker an die von Aime grenzen. Sie sind unbebaut, und er konnte sein Pferd traben lassen. Ich habe ihn vielleicht sieben- oder achtmal, immer morgens an jedem zweiten Tag, gesehen.»

Eine Frau rief Carlo von weitem zur Ordnung: «Was treibst du denn? Siehst du nicht, daß das Wasser wegfließt?» Carlo antwortete: «Ich komme ja schon», redete aber unbeirrt weiter.

«Die Gimpel, die ihn in ihrem Versteck an der Uferböschung erwarteten? Dort stand eine Kastanie von ein Meter achtzig Durchmesser. Sie war vom Blitz getroffen, und direkt am Boden hatte sich ein Spalt gebildet. Da ist einer von den Gimpeln herausgekommen und hat den Deutschen von hinten überrascht. Auch die anderen kamen aus ihrem Versteck im Getreidefeld, und der Ärmste hatte keine Zeit mehr, seine Pistole zu ziehen. [...] Wenn sie wenigstens das Pferd festgehalten hätten. Aber es galoppierte davon und erreichte wenige Minuten später die Kaserne. Was danach passiert ist?»

Eine andere, diesmal männliche Stimme forderte Carlo auf, das Wasser umzuleiten: «Worauf wartest du, siehst du nicht, daß das Wasser verloren geht?» Carlo rief wieder: «Ich komme, ich komme!», sprach aber weiter, ohne auf das abfließende Wasser zu achten.

«Eine Stunde später war es schon schlimmer als in einem Wespenschwarm. Dreißig oder vierzig Deutsche zu Pferd, gefolgt von Patrouillen zu Fuß, schwärmten aus. Ja, sie haben den Ärmsten gesucht, aber sie haben ihn nicht gefunden, denn er lag versteckt in einem Busch auf einer kleinen Insel im Fluß. [...]

Ob wir ausgefragt wurden? Meine Brüder und ich, wir mußten mehrere Male in die Kaserne kommen, und wir hatten jedesmal Angst, daß es böse ausgehen könnte. Wenigstens zwanzig aus dem Ort mußten in die Kaserne. [...]

Nuto, entschuldige. Können die vier oder fünf Männer, die auf diese Art töteten, wirklich Partisanen gewesen sein? [...] Ob sie vielleicht ‹Versprengte› waren oder irgendeiner Gruppe angehörten? Wer kann das wissen? Eines ist sicher: Sie kamen nicht von weither. Aber ich sage nichts, ich verpfeife niemanden. Ich habe es schon einmal gesagt, ich will von der ganzen Geschichte nichts mehr wissen. Jetzt reicht's, ich habe schon zuviel gesagt. Wenn ich es überhaupt noch schaffe, will ich jetzt wenigstens die Erbsen wässern.»

Gleich danach ging ich mit Nino zum Ort des Attentats, um den Bericht Carlos zu überprüfen.

Zum ersten Mal sehe ich den Hof der Donati, von dem ich mir nicht vorgestellt hatte, daß er so nahe am Gesso lag. Ich blicke auf das ganz in Grün gebettete Boves und frage mich: «Hat der deutsche Offizier wirklich nicht gewußt, daß er sich, je näher er Boves kam, auf immer gefährlicherem Gelände befand?»

Wir versuchen den Ablauf des Attentats nach den Angaben von Carlo zu rekonstruieren. Die alte Kastanie ist schon längst verschwunden. Der Weg am Ufer entlang dagegen ist immer noch da. Wie glaubhaft ist die Version von Carlo? Die Geschichte mit dem Spalt in der Kastanie ruft bei uns Zweifel hervor. Auch das Bild der deutschen Reitertruppe, die wie eine Kosakenschwadron vorrückt, klingt nicht sehr glaubhaft.

Nino sagt zu mir: «Wir müssen überhaupt noch feststellen, ob es ein Deutscher, ein Russe oder ein Pole war», und dann fügt er hinzu: «Wenn es ein Deutscher war, einer von denen damals, warum interessierst du dich dann so für ihn?» «Ich bin davon überzeugt, daß es ein Deutscher war, aber ich weiß nicht einmal, welche Einheiten in der Zeit zwischen Mai und August in der Kaserne von San Rocco stationiert waren. Ich habe mit den Deutschen überhaupt kein Mitleid. Aber wenn es auch nur einen Deutschen gab, der von dem Bild abwich, das ich mir von ihnen gemacht hatte, dann will ich seine Geschichte kennen. Und ich denke schon an die Archive in den beiden deutschen Staaten. Vielleicht liegt die Geschichte des Attentats von San Rocco dort in den Bergen von Papieren begraben.»

2. August

Ich erlege mir die Zurückhaltung auf, die die Sache verlangt, aber ich muß aus dem engen Kreis, in dem ich mich bisher bewege, hinaustreten.

Telephonisch vereinbare ich mit Berto aus Boves, meinem Freund aus der Partisanenzeit, ein Treffen am 15. vor der Bar am großen Platz beim Rathaus.

Ich komme zu früh. Es ist ein schwül-heißer Tag. Die Häuser an dem Platz, auf dem das Massaker des 19. September[28] stattgefunden hat, sind wiederaufgebaut und hergerichtet, sie wirken friedlich und wohlhabend.

Ich sehe das Haus der Vassallo ganz in meiner Nähe, und da kommen mir die Worte von Liliana Vassallo, der Tochter eines der Opfer, in den Sinn. Vor dreißig Jahren, anläßlich eines «Friedensmarsches», der hier in Boves mit einem großen Fackelzug geendet hatte, sagte sie zu mir: «Was für eine schreckliche Qual! Die unzähligen Fackeln und die beiden Feuer – da war mir der Brand von damals wieder furchtbar gegenwärtig.»

Ich betrachte das Tor, hinter dem die SS Peipers mit dem Flammenwerfer Antonio Vassallo und Giuseppe Bernardi, den Pfarrer von Boves, bei lebendigem Leib verbrannt hat. Und wiederum frage ich mich, ob es einen Sinn hat zu glauben, daß es einen «guten Deutschen» gegeben habe.

Am Eingang der Sakristei steht ein Gebirgsjäger, der offensichtlich auf Urlaub ist, mit Vater und Mutter tief bewegt vor dem großen Gedenkstein voller Namen.

Unter demselben Torbogen sitzen auf der anderen Seite drei alte Männer und genießen das frische Lüftchen. Sie sitzen auf einer Bank ganz nah an den großen Tafeln, die die Folgen der deutschen Repressalien aufzählen. Für die Männer scheinen sie nicht da zu sein.

Aus der Bar dringen die Stimmen der Kartenspieler zu mir. Zwei Jungen in Motorradkleidung malträtieren mein Trommelfell mit dem Lärm ihres kaputten Auspuffs.

Um 15 Uhr kommt Berto. Dann Romano und Domenico. Es ist mir irgendwie unangenehm, ihnen von meiner Untersuchung zu berichten. Sie wissen nichts über die Begebenheit von San Rocco, aber sie schließen aus, daß es

---

28 Siehe Anmerkung 3 zum ersten Kapitel.

sich um eine Aktion gehandelt haben könnte, die von der Kommandoebene beschlossen war. «Die Urheber dieser Aktion waren Lumpenkerle», sagen sie mir, «für die waren ein Paar Stiefel und eine Pistole eine interessante Beute.»

Die Diskussion dreht sich dann um die Grauzone des Bandenwesens, das in den nicht von Partisanenformationen kontrollierten Gebieten gedieh. Da gibt es Geschichten von gestohlenen Kälbern, und einer berichtet von Grausamkeiten gegen die Bauern der Malandrè und von Rosbella. Auch das Thema der «undisziplinierten Aktion» wird wieder angesprochen. «Es war legitim, die Deutschen umzubringen», sage ich zu meinen Gesprächspartnern, «aber man mußte soweit wie möglich Repressalien vermeiden.» Und ich füge hinzu: «Wir haben die Bevölkerung respektiert, sie vor den Banden beschützt. Wir haben die Banditen erschossen, auch wenn es schwerer ist, als man glauben mag, einen Zwanzigjährigen an die Wand zu stellen, weil er ein Kalb oder eine Ziehharmonika gestohlen hat.»

5. August

Ich habe nie den Aktivismus derer geteilt, die immer «dreinschlagen» wollten, und nicht nur, weil ich Repressalien fürchtete. Das «ich gehe hin und knalle ab» war für mich inakzeptabel, außer es handelte sich um einen Folterer oder einen Spion.

Mir kommt ein Ereignis am Vorabend der «Säuberungen» im April in den Sinn, also vor dem Attentat von San Rocco. Es passierten wirklich die unwahrscheinlichsten Dinge, und das meiste war vom blinden Zufall abhängig.

Zwei Deutsche, ein Feldwebel und ein Soldat aus der Kaserne von Tetto Gallotto oder von San Rocco, hatten sich das untere Stura-Tal als bevorzugtes Gelände für ihre Ausritte ausgesucht.

Sie hatten keinerlei Eile, sondern ritten im Schritt oder im leichten Trab, ja sie gönnten sich sogar kleine Pausen.

Kurz vor Roccasparvera waren sie jedoch Partisanen in die Hände geraten, die ihnen aufgelauert hatten.

«Was sollen wir mit ihnen machen?» fragten sich die vier oder fünf aufgeregten jungen Männer, die alles andere als Anfänger waren. «Sollen wir sie als Geiseln behalten, oder uns mit ihren Waffen begnügen und sie wieder laufen lassen?»

Der Feldwebel, der während seiner Gefangennahme Widerstand zu leisten versucht hatte, war auf die Knie gefallen und hatte sie unter Tränen angefleht: «Laßt uns unsere Waffen. Wenn ihr uns unbewaffnet freilaßt, werden wir von unseren Leuten erschossen. Dann erschießt uns lieber gleich.»

Hatte das Mitleid oder der gesunde Menschenverstand gesiegt? Jedenfalls rannten die Deutschen nach wenigen Minuten zu Fuß und mit ihren Waffen talwärts.

Und die Pferde? Nachdem die Partisanen von Sapè[29] die Pferde zuerst an sich genommen hatten, gerieten sie nach wenigen Tagen wieder in die Hände der Deutschen, als die «Säuberungen» über das ganze Stura-Tal ausgedehnt worden waren.

20. September

Ich rechne immer noch damit, daß Nino, Marco, Sandro, Michele, Benvenuto und Oreste mir weitere Zeugen benennen. Aber ich darf sie nicht drängen, sondern muß ihnen Zeit lassen.

Vor einigen Tagen habe ich unter den Arkaden von Cuneo einen der Partisanen getroffen, an den ich schon seit einiger Zeit gedacht hatte. Nachdem wir einige unverbindliche Worte gewechselt hatten, fragte ich ihn:

– Hast du mal von einem deutschen Offizier gehört, der im späten Frühjahr oder im Sommer 44 in der Nähe von San Rocco verschwunden ist?

29 Ort im Valloriate-Tal, einem Seitental der Stura.

– Der mit dem Pferd?

– Ja, genau der mit dem Pferd. Habt ihr ihn erschossen?

– Ich erinnere mich, als wir im Herbst 44 im Vermenagna-Tal waren, daß einer von uns mit Namen Davide beschlossen hat, einen deutschen Offizier aus dem Weg zu räumen, der jeden Morgen aus der Kaserne von Tetto Gallotto bis zum Gesso ritt.[30] Davide war allein ins Tal gegangen und kehrte erst nach drei oder vier Tagen mit einer deutschen Uniform in unser Lager zurück. Er trug Mütze und Jacke des Deutschen und ein Paar Stiefel, die ihm viel zu groß waren. Als er in unser Versteck kam, mußten wir alle lachen.

– Eigentlich gab es da wenig zu lachen. Und die Repressalien?

– Als die erste Euphorie verflogen war, befürchteten wir das Schlimmste, aber es gab keine Repressalien.

– Wer war Davide? Kannst du mir helfen, ihn aufzuspüren?

– Er ist vor einigen Jahren in Frankreich gestorben, wohin er gleich nach der Befreiung auf Arbeitssuche ausgewandert war. Im Frühjahr 44 haben ihn die Faschisten der «Muti»[31] erwischt und haben ihn mit Schlägen und Fußtritten so zugerichtet, daß sein Kopf wie ein Fußball aussah. Dann zwangen sie ihn, sich ihnen anzuschließen, aber nach drei Tagen konnte er fliehen und wieder in die Berge zurückkehren. Die Folter, die auf seinem ganzen Körper Spuren hinterlassen hat, hat seinen Charakter verhärtet. Er hat nichts und niemandem vergeben.

---

30 Es ist so gut wie sicher, daß der Zeuge sich vage an die Geschichte von San Rocco erinnert, sie aber fälschlicherweise nach Tetto Gallotto verlegt.   31 «Legione Ettore Muti», eine berüchtigte Polizeiformation der kollaborierenden Repubblica Sociale Italiana. Teile davon wurden im Frühjahr 1944 in der Umgebung von Cuneo, vor allem in Borgo San Dalmazzo, eingesetzt. Wegen ihres brutalen Vorgehens und der ständigen Übergriffe auf die Zivilbevölkerung wurde diese faschistische Polizeitruppe, die der SS unterstellt war, besonders gefürchtet und gehaßt.

12. Oktober

Bei mehreren Zeugen habe ich nun versucht, wenigstens einige Hinweise auf die Einheiten aus Deutschland und aus dem Osten zu bekommen, die in den verschiedenen Kasernen von Cuneo und Umgebung lagen.[32] Ich wäre mit wenigem zufrieden und klammere mich an alles.

Wie ich gehört habe, kam ein gewisser Luchino im Sommer 44 als Lieferant für die Wehrmacht häufig in die Kaserne von San Rocco. Aber niemand kann mir sagen, ob er tot oder noch am Leben ist. Außerdem habe ich gehört, daß eine gewisse Lucia S. aus Saluzzo als Putzfrau im Auftrag einer Firma regelmäßig in die Kaserne von San Rocco kam.

Von allen ungefähr zwanzig ehemaligen Partisanen, die ich befragt habe, weiß keiner etwas von dem Attentat von San Rocco. Das Thema scheint sie außerdem nicht wirklich zu interessieren. Nach einem kurz Austausch von Rede und Antwort wechseln sie das Thema.

Nur mit Walter habe ich mich länger unterhalten. Seine Version der Geschichte von Roccasparvera entspricht der meinen. Walter hat mir auch genau das Attentat von Tetto Gallotto am 5. Juli beschrieben, an dem er führend beteiligt gewesen war. Er läßt sich nicht von falschem Mitleid leiten und versucht auch nicht, aus der Rückschau die Dinge anders zu beurteilen. «Was denkst du über den Deutschen von San Rocco?» fragte ich ihn am Schluß. «Entweder war er ein Verrückter, oder er erkundete unter dem Vorwand seiner scheinbar unverdächtigen Ausritte die Gegend.»

---

[32] Es gab keine Untersuchung oder Quellensammlung, die auch nur teilweise über die deutsche Besetzung der Provinz Cuneo Aufschluß hätte geben können. In den zwanzig Monaten des Partisanenkampfes konnte ich zwar die Wehrmacht von der SS unterscheiden, nicht aber die Deutschen von den Österreichern. Für mich waren sie alle Deutsche, alle gleich, alle Nazis.

22. November

Gestern abend habe ich in einer Bar der Altstadt von Cuneo einen meiner Altersgenossen getroffen, der 1944 in die Organisation Todt eingetreten war.[33]

Mario hatte auf diesem Treffen bestanden, aber es erwies sich als Katastrophe. Er wußte nichts, sondern spuckte nur große Töne, um seine damalige Entscheidung zu rechtfertigen.

Plötzlich ließ er seiner Wut über die Partisanen freien Lauf: «Wissen Sie, warum sie diesen deutschen Offizier in der Nähe von San Rocco umgebracht haben? Weil er eine sooo große goldene Uhr am Handgelenk trug.»

14. Dezember

Heute morgen habe ich in Saluzzo Lucia S. getroffen, die mir eher aufgeregt als zurückhaltend erschien.

«1944 habe ich für eine Firma als Putzfrau in der Kaserne von San Rocco gearbeitet. Ich wohnte nicht in Cuneo und mußte täglich, einschließlich der Sonntage, mehr als zehn Kilometer mit dem Rad fahren, um meinen Arbeitsplatz zu erreichen. Ich habe die ersten Deutschen erlebt, die nach Cuneo kamen, und auch die letzten, die geflohen sind. Was für eine Angst. [...] Ich war in der Kaserne von San Rocco, als das Pferd allein zurückkam. Damals waren die Ukrainer da, aber ich weiß nicht mehr, ob es Mai oder Juli war. Wir waren wie Blinde und Taube, wir mußten arbeiten und damit Schluß. Auch deswegen kann ich Ihnen nicht mehr sagen.»

---

[33] Deutsche Arbeitsorganisation, gegründet 1938 von dem NSDAP-Politiker und späteren Reichsminister für Bewaffnung und Munition Fritz Todt (1881–1942).

1987

Das Jahr der Lemberg-Kommission

20. Februar

Ich muß mich plötzlich mit den zweitausend Italienern beschäftigen, die die Deutschen bei Lemberg umgebracht haben sollen[1], deshalb muß ich meine Nachforschungen über das Attentat von San Rocco wer weiß wie lang einstellen.

Wahrscheinlich wird diese neuerliche Unterbrechung ihre Wirkung auf mich haben, denn die Ausmaße des Massakers von Lemberg, auch wenn sie bisher nur «angeblich» sind, unterscheiden sich himmelweit von meiner «kleinen Geschichte» des «Vermißten» von San Rocco.

25. April

Wiederum habe ich meine Freunde aus San Rocco getroffen, diesmal im Grana-Tal. Alle sind bereit, Treffen mit weiteren Zeugen zu organisieren. Doch mir fehlt die Zeit, denn es ist schon viel, wenn ich der komplizierten Geschichte von Lemberg die gebührende Aufmerksamkeit schenken kann.

Unzählige Male habe ich mich gefragt, ob das Bild von dem «guten Deutschen», der sich mit den Kindern unterhielt, der Wahrheit entspricht oder nicht. Heute hat Marco dieses Bild, das mir lästig war und mir doch seit langem im Kopf herumging, endlich ausgelöscht. «Ich weiß nicht, ob ich dir so etwas erzählt habe», sagte er. «Nein, ich bin sicher,

---

1 Die *Commissione ministeriale sul presunto massacro di Leopoli* (*Ministerielle Kommission zur Aufklärung des angeblichen Massakers von Lemberg*) wurde am 16. Februar 1987 eingerichtet. Einschließlich der Abschlußkonferenz am 5. März 1988 fanden acht Sitzungen im Verteidigungsministerium statt. In der Neuauflage von Revellis Buch *L'ultimo fronte* (Einaudi, Turin 1989) sind die Ergebnisse der acht Arbeitssitzungen zusammengefaßt.

daß so etwas nicht vorgekommen ist. Vielleicht hast du mich nicht richtig verstanden.»

3. November

Ich bin in Turin bei dem Kongreß *Una storia di tutti – Prigionieri, internati, deportati italiani nella seconda guerra mondiale* (*Eine Geschichte, die alle angeht – Italienische Gefangene, Internierte und Deportierte im Zweiten Weltkrieg*).

Noch vor Kongreßbeginn erfahre ich, daß die Arbeit der Lemberg-Kommission nicht weitergeführt werden soll. Die Nachricht überrascht mich nicht. Ich weiß genau, wie einige einflußreiche Mitglieder der Kommission darüber denken. Für sie sind die «Vermißten» von Lemberg nur das Hirngespinst einer niederträchtigen Propagandakampagne, die solche Massaker erfindet.

Ich wechsle einige Worte mit Gerhard Schreiber aus Freiburg.[2] Ich berichte ihm von meinem «Vermißten», und er verspricht mir seine Hilfe.

An dem Kongreß nehmen auch die deutschen Historiker Christoph Schminck-Gustavus[3] und Karl Heinz Roth teil. Ich behalte sie im Auge, um auch mit ihnen Kontakt aufzunehmen.

Ich verfolge aufmerksam die verschiedenen Beiträge, vor allem den von Giorgio Rochat und Gerhard Schreiber.

2 Der Fregattenkapitän der Bundesmarine und Militärhistoriker Gerhard Schreiber ist Autor des Buches *Die italienischen Militärinternierten im deutschen Machtbereich 1943 bis 1945. Verraten – Verachtet – Vergessen*. München 1990 (= Beiträge zur Militärgeschichte, Band 128). Italienische Ausgabe Rom 1992.   3 Christoph Schminck-Gustavus, geboren 1942 in Frankfurt/Main, lehrt Rechtsgeschichte an der Universität Bremen. Zu seinen zahlreichen Publikationen in Deutschland und Italien über den 2. Weltkrieg gehören: Die schönsten Jahre. Chronik einer Liebe 1943–1945. Bonn 1991; Das Heimweh des Walerjan Wróbel. Ein Sondergerichtsverfahren 1941–42. Bonn 1986. Italienisch: *L'attesa. Cronaca di una prigionia al tempo dei lager*. Ed. Riuniti, Rom 1989; *Mal di casa. Un ragazzo davanti ai giudici. 1941–1942*. Bollati Boringhieri, Turin 1994.

Wirklich interessant wird es aber für mich, als Schminck-Gustavus über die «mündlichen Quellen» referiert.

Abends um neun Uhr treffe ich bei Marco[4] Sergio Bologna, Schminck-Gustavus und Roth. Wir sprechen über die Begebenheit von San Rocco und über die Möglichkeit, die Nachforschungen auf die deutschen Archive in Freiburg, Koblenz, Berlin und Bonn auszudehnen. Schminck-Gustavus will so bald wie möglich nach Cuneo kommen.

12. Dezember

Christoph hat sein Versprechen gehalten und ist seit gestern abend in Cuneo. Für mich und Anna ist er bereits zum Freund geworden.

Heute morgen stiegen wir zum Santuario di San Maurizio hinauf, wo in einem «symbolischen Friedhof» auf vielen Kreuzen und Steinen die Namen der «Vermißten» des Rußlandfeldzugs aufgeführt sind. Es ist ein trauriger Anblick. Das ist es also, was von diesem sinnlosen, unnötigen Krieg übrigbleibt.

Auf dem Rückweg von San Maurizio machten wir in San Costanzo Pause, wo Dalmasin wohnt, mein unersetzlicher «Vermittler».[5] Sehr schön war die Begegnung zwischen Christoph und Dalmasin, der in der Welt von gestern lebt, wo die Zeit stehengeblieben zu sein scheint.

Am Nachmittag haben wir stundenlang über die Begebenheit von San Rocco gesprochen. Am Montag wird Christoph nach Bologna und dann nach Griechenland fahren. Sobald er wieder in Bremen ist, wird er parallel zu meinen Nachforschungen die Quellen in den Archiven der beiden deutschen Staaten befragen.

---

4 Marco Revelli, der Sohn des Autors. 5 Dalmazzo Giraudo, der «Vermittler» für meine Bücher *Il mondo dei vinti* (Die Welt der Besiegten), Turin 1977, und *L'anello forte* (Das starke Kettenglied), Turin 1985.

Gegend Abend bittet mich Christoph, gemeinsam mit ihm die Kaserne von San Rocco und den Ort des Attentats aufzusuchen. Wegen der gestrigen Schneefälle und der anbrechenden Dunkelheit ist der Weg gefährlich, und ich will erst nicht fahren, aber schließlich gebe ich Christophs Drängen nach.

Wir erreichen die Kaserne von San Rocco und dann Tetto Graglia. Ich weiß nicht, ob wir weiterfahren sollen, denn es ist inzwischen stockdunkel, und die dünne vereiste Schneeschicht auf der Straße beunruhigt mich. Christophs Optimismus aber steckt mich an, und so fahre ich den Uferweg entlang. Mit einiger Mühe erreichen wir die Stelle des Attentats hinter der Bahnunterführung. Dann müssen wir bis zum Hof der Donati fahren, denn erst dort kann man wenden.

Ich will von diesem gottverlassenen Fleck so schnell wie möglich fort, Christoph dagegen ist ganz in seinem Element. Er ist so gefangengenommen, daß er keinen Moment stehenbleibt, sondern den ganzen Hof ausführlich erkundet. Als er feststellt, daß im Erdgeschoß Licht brennt, schlägt er vor, mit den Bewohnern zu sprechen. «Ach nein, Christoph», versuche ich ihn abzuhalten, «siehst du nicht, daß der Hof renoviert ist? Er gehört Leuten aus der Stadt. Hier wohnen nicht mehr die Bauern von früher.» Nichts zu machen, Christoph bleibt hartnäckig, entfernt sich und verschwindet im Dunkel. Ich gehe zum erleuchteten Fenster und spähe hinein. Drinnen sitzen zwei Leute im Sessel. Er liest Zeitung, sie sieht fern.

Es läutet. Die beiden schauen sich fragend an. Dann geht er hinaus.

Christoph sieht wie ein hochgeschossener Junge aus, er ist zwei Meter groß. Er spricht perfekt italienisch, aber mit ausländischem Akzent. Wie wird er auf den Hausbesitzer wirken?

Es vergehen einige Minuten, dann sehe ich zwei Schatten auf mich zukommen. «Aber Sie sind doch Revelli!» ruft Doktor E. erleichtert.

Herr und Frau E. sind sehr freundlich. Wir machen zuerst etwas Konversation, dann aber entwickelt sich eine lebhafte Diskussion.

Christoph gibt zu verstehen, daß der einsame Reiter mit ihm verwandt war, sein Onkel. Ich will eigentlich sagen, daß es nicht stimmt, bin dann aber doch still.

Doktor E. stimmt der These zu, daß nicht alle Deutschen gleich waren, und sagt: «Ich wohnte in der Altstadt von Cuneo in der Nähe des Krankenhauses. Ich erinnere mich, daß ein deutscher Offizier immer in die Kirche von Santa Croce zum Orgelspielen kam. Er war ein guter Musiker und vielleicht auch ein anständiger Mensch.» Wieder tauchen die alten Fragen auf. Wer mag wohl den deutschen Offizier ermordet haben? Wie läßt sich erklären, daß die Suchaktionen nur wenige Stunden gedauert haben, daß es keine Repressalien gab?

Christoph entwickelt weit hergeholte, höchst unwahrscheinliche Erklärungsmöglichkeiten. Dann schlägt er mir plötzlich vor, gleich einen der Zeugen aufzusuchen. «Ach nein, Christoph, diesmal verlangst du zuviel», antworte ich. «Draußen liegt Schnee, und es ist dunkel. Jetzt danken wir dem Ehepaar E., und dann fahren wir, wenn die Straßenverhältnisse es überhaupt zulassen, nach Cuneo zurück.»

Aber Doktor E. bietet sich an, uns in seinem Wagen zu begleiten, und so hat Christoph wieder seinen Kopf durchgesetzt.

Über einen Uferweg, der dann aufs freie Feld führt, erreichen wir ein Gehöft, das in der völligen Dunkelheit wie verlassen daliegt. Als wir aussteigen, treffen wir auf den angeblichen Zeugen, Herrn G., der Doktor E. nicht sofort erkennt und sich zum Haus zurückzieht. Dann aber schwindet das Mißtrauen schnell, und G. antwortet auf unsere Fragen. «Ich war 1944 acht Jahre alt und ging in San Rocco in die Grundschule. Ich habe diesen Deutschen manchmal vorbeireiten sehen. Meine Mutter sah ihn täglich hier in den Feldern. Dann war das Attentat, und gleich sind die Deutschen oder die Russen gekommen, um ihn zu suchen. Einer vergaß dort sein Gewehr, so betrunken war er. Mein Vater lief hinter ihm her, um ihm das Gewehr zurückzugeben. Die Partisanen haben den Deutschen umgebracht. Sie haben ihn jenseits des Flusses begraben, in der Nähe von Mellana ...»

Die Frau von G. kommt heraus, die hinter der Haustür gestanden und alles gehört hat. «Was weißt denn du?» schreit sie ihren Mann an. «Du redest und redest und dann ... dann berufen sie dich als Zeugen. Dabei hilft es nichts. Wer tot ist, wird dadurch nicht wieder lebendig.»

Wir kehren zum Haus von Dr. E. zurück. Christoph ist jetzt ganz schweigsam. Die Anwesenheit des Freundes in dieser gespenstischen Umgebung macht mich nachdenklich. Auf meiner Suche nach dem einsamen Reiter habe ich keine Fortschritte gemacht, aber meinen «guten Deutschen» habe ich gefunden.

Gegen acht Uhr sind wir in Cuneo. Statt zu essen diskutieren wir zwei Stunden, machen uns Notizen und entwerfen Briefe an verschiedene deutsche Archive.

1988

Unterschiedliche Versionen

10. Januar

Ich habe Christoph die Photokopie eines Briefes geschickt, die ein ehemaliger deutscher Soldat am 2. Dezember 1947 an eine Familie in Cuneo geschrieben hat. Es ist ein langer Brief, in dem Heinrich S. für die «Gastfreundschaft» dankt, «die ich gegen Euren Willen am 25. und 26. April 1945 bei Euch gefunden habe». Weiter beschreibt er die schwierige Rückkehr nach Deutschland.

Christoph, der in Frankfurt ist und bald nach Griechenland aufbrechen wird, hat Heinrich S. telephonisch aufgespürt, aber keine Informationen erhalten, die unsere Untersuchung weiterbrächten. «Heinrich S.», schreibt mir Christoph, «war Dolmetscher bei der Divisione Littorio. Er weiß nichts über den einsamen Reiter, aber als ich ihm die Geschichte erzählt hatte, sagte er sofort: ‹Den haben die Partisanen erwischt.›»

11. Januar

Wieder ein Brief aus Deutschland, diesmal vom Staatsarchiv Bremen. In Beantwortung eines Briefes von Christoph vom 23. Dezember letzten Jahres schreiben sie, daß die Anfrage über den deutschen Offizier, der 1944 in der Gegend von Cuneo verschwunden ist, an das Militärarchiv Freiburg weitergeleitet wird.

30. Januar

Der Volksbund Deutsche Kriegsgräberfürsorge e. V. in Kassel antwortet auf Christophs Brief vom 2. Januar.

Man teilt mir mit, daß die Gefallenen alphabetisch verzeichnet sind, und deshalb ist es unmöglich, einen Toten nur aufgrund des Ortes, wo er gefallen ist, oder der Zugehörigkeit zu einer Einheit zu identifizieren. Um unser Problem zu lösen, werden sie sich an die Deutsche Dienststelle für die Benachrichtigung der nächsten Angehörigen von Gefallenen der ehemaligen deutschen Wehrmacht (WASt) in Berlin wenden, die über sehr umfangreiches Material verfügt.

Das Amt in Bremen hat sich an das Archiv in Freiburg gewandt, das in Kassel an Berlin. Was für ein Unterschied zu den toten Seelen unserer Lemberg-Kommission!

12. Februar

Schon zweimal habe ich Hufklappern auf dem Asphalt gehört, immer am frühen Nachmittag, wenn ich etwas Ordnung in meine Aufzeichnungen über San Rocco bringen wollte.

«Ein Pferd vor meinem Haus, mitten im Verkehrsgewühl vor der Ampel, wo die Autos bei Grün den Motor aufdrehen?» hatte ich mich beim ersten Mal gefragt. «Das ist einfach nicht möglich. Ich träume schon mit offenen Augen.» Aber das Tack-Tack der Hufe auf dem Asphalt war mir im Ohr geblieben.

Beim zweiten Mal blickte ich aus dem Fenster, aber von einem Pferd war weit und breit nichts zu sehen.

Heute konnte ich endlich das Geheimnis lösen. Ich stürzte ans Fenster und habe wirklich das Pferd zwischen den fahrenden Autos gesehen. Es kam aus dem Corso Brunet und lief in Richtung Corso Giolitti. Gott sei Dank, denn ich dachte schon, meine Geschichte von San Rocco hätte mir den Verstand verwirrt.

14. Februar

Gestern traf ich einen Zeugen, der ausdrücklich darauf bestanden hat, anonym zu bleiben. «Ich sage alles, aber Sie dürfen meinen Namen nicht nennen.» Hier seine Erzählung:

«[…] Wir wohnten zwischen der Kapelle der Crocetta und der alten Straße von Borgo, wir waren die Pächter der B. Ich kann mich schon an diesen Deutschen erinnern, der jeden Tag außer Sonntag mit seinem Pferd bis zu uns kam. Direkt vor dem Tor unseres Hofes gab es einen Brunnen, eine hölzerne Tränke für die Pferde. Der Deutsche hielt immer dort an, und das Pferd kannte sich so gut aus, daß es sofort zu saufen anfing.

Ich arbeitete von morgens bis abends in Cuneo und habe den Deutschen nur ein paarmal gesehen, aber die Geschichte zog sich wenigstens einen Monat hin.

Mein Vater sagte zu mir: ‹Der Hauptmann ist wieder gekommen›, und gab mir die Zigarre, die er am Morgen bekommen hatte. Es spielte sich nämlich immer die gleiche Szene ab, wenn der Hauptmann kam.

— Guten Morgen.
— Guten Morgen.

Während das Pferd trank, schenkte der Hauptmann meinem Vater eine Zigarre, und am Ende hieß es wieder:

— Guten Morgen.
— Guten Morgen.

Dann ritt der Hauptmann zurück.

Ich weiß nicht wirklich, ob es sich um einen Hauptmann handelte, wie ihn mein Vater bezeichnete, oder um einen Oberleutnant. Er sah aus wie ein anständiger Mensch, aber wie es ‹innen› aussah, weiß ich natürlich nicht. Er war nicht mehr jung und sah aus wie um die vierzig. Er war ganz sicher Deutscher. Einem polnischen oder russischen Offizier hätten sie keine solche Bewegungsfreiheit erlaubt. […]

Einmal kam am späten Vormittag ein Geländewagen mit einer Dolmetscherin und etwa 15 deutschen, polnischen oder russischen Soldaten. Die Dolmetscherin hat meine Familie ausgefragt, dann sind sie in Richtung Crocetta weitergefahren.

Am Tag darauf hieß es, der Offizier sei in der Nähe der Bahnunterführung verschwunden, vielleicht beim Hof der Donati. Die Leute sagten: ‹Wenn sie wenigstens das Pferd getötet hätten, dann wäre es nicht gleich in die Kaserne zurückgelaufen, um alles zu verraten.› [...]

Einige Tage später, vielleicht Anfang Juli, ist die Geschichte von Tetto Gallotto passiert. Es gab eine ‹Säuberung›, sie haben mich verhaftet, und ich bin mit 32 anderen in der Kaserne Cesare Battisti in Cuneo gelandet. Unter uns sollten 10 zur Erschießung in Tetto Gallotto ausgewählt werden, aber dann haben sie im letzten Augenblick ihre Absicht geändert. [...]»

10. März

Die Lemberg-Kommission ist aufgelöst worden. Von wegen «zeitliche Distanz»! Als Urteil stand von vorneherein fest, daß es das Massaker nicht gegeben hat. Sind wir noch genau wie damals «Alliierte» der Deutschen?

Ab jetzt werde ich mich ausschließlich der Geschichte von San Rocco widmen. Mehr als je zuvor fesselt mich nur noch die Geschichte im Kleinen.

«Hast Du nur zwei Briefe aus Deutschland bekommen? Ich habe in Deinem Namen an alle vier Büros des Deutschen Roten Kreuzes geschrieben: in Berlin, Hamburg, München und Wiesbaden! Sie haben Dir nicht geantwortet? Was für Leute!» schreibt mir Christoph aus Athen. Nach meiner Erfahrung mit unseren ministeriellen Archiven dagegen sind für mich die beiden Briefe schon ein Zeichen der Bereitschaft zur Zusammenarbeit und der Effizienz. Wir müssen uns gedulden.

In seinem sehr herzlichen Brief zeigt Christoph doch Optimismus. Er hat die Szene des Überfalls gezeichnet, mit dem scheuenden Pferd und dem Reiter, der aus dem Sattel geworfen ist, und der aussieht wie ein Christus am Kreuz. Daneben schreibt er: «Der einsame Reiter. Ich werde nach

Freiburg fahren, um zu sehen, was dort zu finden ist. Ich werde Dir helfen. Ganz bestimmt werden wir ihn finden. Auf dem Rückweg nach Deutschland werde ich Dich in Cuneo besuchen.»

4. April

Christoph war auf dem Rückweg von Griechenland zwei Tage in Cuneo.

Am 31. März haben wir das bis jetzt Erreichte zusammengefaßt.

Die von Christoph hergestellte Verbindung zwischen dem Staatsarchiv in Bremen, dem Militärarchiv Freiburg und der Deutschen Dienststelle in Berlin funktioniert und trägt erste Früchte. Bremen hat sich an Freiburg gewandt, Freiburg wiederum an Berlin, um den deutschen Offizier aufzuspüren, der im Juni 1944 in Cuneo verschwunden sei. Aus Berlin hat man mir in den letzten Tagen mitgeteilt, daß man auch in Freiburg, wo sich die Kriegstagebücher befänden, unmöglich fündig werden könne, wenn Einheit und Personaldaten des Offiziers unbekannt seien. Das Berliner Archiv schreibt dazu: «Das hier archivierte Schriftgut der ehemaligen deutschen Wehrmacht, bei dem es sich u. a. um ca. 23 000 000 Personalkarten, ca. 150 000 000 Verlustmeldungen der Einheiten und Sanitätsformationen sowie ca. 100 000 000 namentliche Meldungen in den Erkennungsmarkenlisten handelt, ist namentlich nach Geburtsdaten geordnet.»

Wie können wir uns diesen umfangreichen Archivbestand zunutze machen? Wir blättern das Buch von Antonio Bassignano über Cuneo zwischen dem 8. September 1943 und Juli 1944[1] durch und suchen die Namen von sieben

1 *Cuneo agli albori del Fascio e del Nazifascismo* (Cuneo zu Beginn des Faschismus und Nazifaschismus), Istituto grafico Bertello, Borgo San Dalmazzo 1947.

deutschen Offizieren heraus, die zwischen Frühjahr und Sommer 1944 bei der Militärkommandantur 1020 in Cuneo Dienst taten (Grabinger, Seeger, Hofer, Folkh, Kuger, Mastalier, Wessel). Wenn wir diese Namen nach Berlin übermitteln, können wir vielleicht einige hilfreiche Informationen bekommen.

Christoph schreibt gleich den Brief für Berlin. Dann phantasieren wir stundenlang, wie es gewesen sein könnte.

Am nächsten Tag begleite ich Christoph nach Barolo zu Bartolo.[2]

8. Mai

Gestern abend habe ich bei Freunden Professor G. getroffen. Der sechzigjährige «Kriegsdienstgegner aus Gewissensgründen» ist ein kompromißloser Pazifist, und es kam zu einer heftigen Auseinandersetzung.

Wir diskutierten über die Begebenheit von San Rocco und über die Schwierigkeiten, auf die ich bei meiner Untersuchung stoße, als Professor G. schrie: «Wie konnte man diesen wehrlosen Mann töten? Nicht einmal wilde Tiere würden so etwas tun.» Ich entgegnete, daß diese Geschichte, auch wenn sie an sich zu verurteilen sei, im historischen Kontext gesehen werden müsse. Damals war die Kaserne von San Rocco kein Country Club mit Reitbahn. Und der scheinbar wehrlose einsame Reiter war ein deutscher Soldat, der den Krieg hierher gebracht hatte. Aber je mehr Argumente ich vorbrachte, desto hitziger wurde die Debatte. Es gab keine Verständigungsmöglichkeit, weil jede meiner Wahrheiten gegen die Mauer seiner Prinzipien stieß.

---

2 Bartolo Mascarello, bekannter Weinproduzent. Mitarbeiter von Revelli an *Il mondo dei vinti* (Die Welt der Besiegten), Turin 1977, und *L'anello forte* (Das starke Kettenglied), Turin 1985.

20. Juni

Ich habe Christoph eine Kopie des Briefes aus Berlin geschickt, der eine Antwort auf unser Schreiben vom 31. März ist. Wir hatten die Namen von sieben deutschen Offizieren geschickt. Berlin liefert uns die Daten von fünf davon. Die Personaldaten von fünf Männern und die Adressen von fünf Witwen!

Mich überrascht der Ernst und die Sorgfalt der verschiedenen deutschen Stellen. Welcher Unterschied zur Lemberg-Kommission, wo jeder Antrag auf Klärung bloß als Belästigung und Provokation betrachtet wurde, nicht zuletzt deshalb, weil ein Teil der Dokumente über unsere Vermißten längst im Reißwolf gelandet war.

15. Juli

Ein Brief aus Bremen. Christoph ist zwei Tage lang in Freiburg gewesen und hat die «Lageberichte» konsultiert, die die Militärkommandantur von Cuneo monatlich an die höheren Dienststellen gab. Er wird mir so bald wie möglich Kopien aller Dokumente schicken.[3]

«Lieber Nuto, werden wir unseren Vermißten finden?» schreibt er mir. «In Freiburg war ich richtig verzweifelt. Die ganze Mühe schien mir absurd, und ich hatte das Gefühl, in dem Meer von Dokumenten unterzugehen.»

21. August

Aus Bremen habe ich gestern die 141 Seiten der Berichte der Militärkommandantur in Cuneo erhalten. «Das Bundes-

---

3 Zu den «Berichten» der Militärkommandantur vgl. Shelley Stock Volpi: *I rapporti della Militärkommandantur tedesca 1020: Cuneo, settembre 1943 – ottobre 1944* (Die Berichte der deutschen Militärkommandantur 1020 in Cuneo, September 1943 – Oktober 1944). In: Il presente e la storia Nr. 42, Dezember 1992, S. 163–206.

archiv in Freiburg arbeitet langsam, hält aber seine Versprechen», schreibt Christoph. «Soweit ich mich erinnere, hast
Du jemanden, der Dir bei der Übersetzung dieser sehr interessanten Quellen helfen kann. Wenn Du niemanden hast,
sprechen wir im September darüber, wenn ich Dich in Cuneo besuche.»

30. August

Noch ein Brief aus Bremen. Christoph ist gerade aus Berlin zurückgekommen, wo er bei der Deutschen Dienststelle
einen «ziemlich freundlichen» Beamten gefunden hat, der
bereit ist, uns bei unseren Nachforschungen zu helfen. Wir
müssen ihm allerdings genau den Tag des Attentats und die
Einheit nennen, zu der das Opfer gehörte. Eine weitere
notwendige Voraussetzung für seine Mithilfe ist, daß der
Verschwundene Deutscher war, denn das Berliner Archiv
verfügt über sehr umfangreiches Material, ist aber be-
schränkt auf die deutsche Wehrmacht.

Christoph, der das Freiburger Material durchgesehen
hat, nennt mir folgende Punkte, über die ich nachdenken
soll:

1) In den monatlichen Berichten ist das italienische Perso-
   nal (Dolmetscher, Sekretärinnen) der Militärkommandantur 1020 namentlich verzeichnet: «Nachprüfen, ob
   einer dieser Mitarbeiter in Cuneo oder anderswo noch
   zu finden ist.»
2) «Meiner Ansicht nach war der einsame Reiter Tscheche.
   Hast Du Dir die Stelle auf Seite 101 übersetzen lassen?
   Wenn nicht, höre zu:» – und Christoph gibt eine ganze
   Passage des Berichts vom 12. Juni 1944 wieder, die ein
   neues Licht auf die damalige Situation wirft.[4] Meine

4 Bundesarchiv-Militärarchiv, Freiburg, RH 36/495, 9. Lagebericht der
Militärverwaltungsgruppe bei der Militärkommandantur 1020 Cuneo,
vom 12. Juni 1944, S. 2:

Zeugen sprachen immer von Russen, Ukrainern, Polen, Georgiern und Armeniern. Tschechen haben gerade noch gefehlt, um die Geschichte noch komplizierter zu machen.

3) Das Ausbleiben der Repressalien läßt sich nach Christophs Meinung mit der Schwäche der deutschen Kräfte in der Gegend erklären, die sich auf die Defensive beschränken mußten. Damit wäre meine These, daß man bei dem deutschen Offizier Desertion vermutete, hinfällig. Auf jeden Fall wären dann alle Nachforschungen nach einem möglichen Militärgerichtsprozeß eine falsche Fährte. «Die Vermutung der Desertion ist rein akademisch», hält Christoph fest. «Ohne den genauen Namen des Verschwundenen kommen wir einfach nicht weiter.»

Hier einige meiner Überlegungen, die mir gleich dazu einfielen:

— Unter den Mitarbeitern der Militärkommandantur 1020 habe ich neben vielen Namen aus Südtirol zwei oder

«Fast saemtliche in der Provinz liegenden Einheiten sind in der letzten Zeit abgezogen worden. Oeffentliche Sicherheit und Ordnung dadurch bedenklich beeintraechtigt. Statt dessen sind vier Bataillone Protektoratstruppen voruebergehend eingetroffen, die als Sicherungstruppen besonders fuer Verkehrslinien verwendet werden sollen. Drei Bataillone wurden inzwischen ebenfalls wieder aus der Provinz verlegt, das verbleibende soll den Sicherungsdienst auf der Eisenbahnlinie Turin/Ventimiglia versehen. Man braucht kein Sudetendeutscher zu sein, um die Gefahren, die im Einsatz dieser Einheiten liegen, zu erkennen. Auffaellig ist das gute Verhaeltnis, das sich in kuerzester Zeit zwischen Italienern und Tschechen angebahnt hat. Staendige Einladungen durch die Bevoelkerung sind an der Tagesordnung; hierbei sollen die den Wein nicht gewohnten Tschechen oft recht merkwuerdige Aeusserungen machen. Sie unterstreichen immer, daß sie keine Deutschen sind und daß es eigentlich nicht ihr Krieg ist, der gegenwaertig gefuehrt wird; ob sie, wie behauptet wird, wirklich Hochrufe auf Badoglio und Stalin ausbringen, laesst sich gegenwaertig nicht nachweisen.»

drei Namen gefunden, die mir bekannt sind. Ich werde aber sehr vorsichtig vorgehen müssen, um nicht unnötige Befürchtungen zu wecken.

– Daß das Opfer des Überfalls ein Tscheche war, würde ich grundsätzlich ausschließen. Ich habe schon alles in Erwägung gezogen, sogar daß er Beschlagunteroffizier war oder zum Troß gehörte, aber ein Deutscher. Ich habe noch nie gehört, daß in den Kasernen von Cuneo und Umgebung auch nur für kurze Zeit tschechische Einheiten stationiert waren.

– In bezug auf das Ausbleiben der Repressalien hat Christoph natürlich recht, wenn er «die große Schwäche der Deutschen von Juni 1944 an» unterstreicht. Aber so schlecht waren die Deutschen sicher nicht dran, daß sie das Verschwinden eines der Ihren ungesühnt gelassen hätten. Eine Repressalie mehr oder weniger war für die Deutschen kein Problem. Daß es keine Repressalien gab, heißt, daß die Deutschen sie nicht wollten.

2. September

Ich bin die 141 Seiten aus Freiburg durchgegangen, und trotz meiner äußerst bescheidenen Kenntnis der deutschen Sprache ist es mir gelungen, die wichtigsten Themen dieser monatlichen Berichte der Militärkommandantur 1020 herauszufinden.

Die Berichte gehen vor allem auf die wirtschaftliche und verwaltungstechnische Lage der Provinz ein. Es geht um Finanzen, Transportwesen, Industrie, Landwirtschaft, Ernährung, Preise und Schwarzmarktpreise, Beziehungen zu den lokalen Behörden und Einrichtungen, Propaganda, Arbeit und die Rekrutierung von Arbeitskräften zur Verschickung nach Deutschland. Aber in diesen fast tagebuchartigen Lageberichten fehlen auch Hinweise auf die im eigentlichen Sinne militärischen Probleme nicht. Im Bericht vom 12. Juli, der sich also auf den Juni bezieht, kann man unter der Rubrik «Attentate» lesen: «26 Überfälle auf deutsche Wehrmachtsangehörige [...] Verluste auf deutscher Seite: 12 Tote, 9 Verwundete und 9 Vermißte.»⁵ Vielleicht ist einer der neun «mein Vermißter».

8. September

Ich studiere weiter die Dokumente aus Freiburg. Aber auch wenn ich Grammatik und Vokabular entschlüsselt habe, kann ich noch längst nicht den Sinn richtig verstehen. Meine Kenntnisse, die ich noch aus dem Schulunterricht der dreißiger Jahre habe, helfen mir dabei nicht viel weiter.

Christoph will am Ende des Monats nach Cuneo kommen. Dann können wir die bisherigen Ergebnisse zusammenfassen und das Problem der anderen deutschen Archive in Berlin, Koblenz und Bonn angehen.

25. September

Bei einer Versammlung ehemaliger Partisanen habe ich gestern Ezio Novascone aus Cuorgnè kennengelernt. Nach der Veranstaltung am Morgen waren wir in der Kaserne von San Rocco, als Ezio mich bat, einige Postkarten mit zu unterschreiben. Die Adressaten waren fast ausschließlich Tschechen. Gleich hatte ich die Dokumente aus Freiburg und Christophs Brief vor Augen und bat Ezio, mir zu helfen. Er wird seinen Prager Freunden aus der Partisanenzeit schreiben. Es gibt sogar eine Vereinigung ehemaliger tschechischer Partisanen in Italien. Auf diese Weise können wir erfahren, ob «mein Vermißter» von San Rocco dort herkam.

⁵ Bundesarchiv-Militärarchiv, Freiburg, RH 36/496, 10. Lagebericht der Militärverwaltungsgruppe bei der Militärkommandantur 1020 Cuneo, vom 12. Juli 1944, S. 5.

26. September

Christoph ist in Cuneo. Gestern und heute haben wir die Ergebnisse unserer Untersuchungen verglichen: ich meine Arbeit mit «mündlichen Quellen», er seine mit den deutschen Archiven. Christoph hat mir die wichtigsten Stellen der Papiere aus Freiburg mündlich übersetzt, während ich mir Aufzeichnungen machte. Dann diskutierten wir stundenlang. Immer noch ist kein Land in Sicht. Das einzig Sichere ist, daß wir nicht aufgeben wollen. Was die Sturheit betrifft, ist Christoph wirklich ein typischer Deutscher. Und ich bin sein Zwillingsbruder!

Um uns ein bißchen Mut zu machen, schrieben wir an den «ziemlich freundlichen» Beamten der Deutschen Dienststelle in Berlin einen Brief, dessen Inhalt notgedrungen nur ein Vorwand war. Denn obwohl wir nichts zu sagen hatten, wollten wir den Gesprächsfaden nicht abreißen lassen:

«Herr Revelli hat seine Nachforschungen über den ‹einsamen Reiter› von Cuneo fortgeführt und neue Zeugen aufgespürt, die ihm bisher unbekannte Details der Vorgänge berichten konnten, die sich vielleicht als wichtig erweisen könnten. Ein Zeuge berichtet, die Leiche gesehen und aufmerksam betrachtet zu haben. Es handelte sich um einen Mann von höchstens fünfundzwanzig Jahren mit blonden, ‹nach Art der Deutschen› kurz geschnittenen Haaren. Seine Uniform war ordentlich und sauber, aber unvollständig, auf jeden Fall aber handelte es sich um die Uniform eines deutschen Offiziers. Es fehlten Mütze, Jacke und Stiefel. Die Hose war grau, Hemd und Strümpfe khakifarben. [...]»

27. September

Heute morgen habe ich mich lange mit Christoph darüber unterhalten, wie ich aus meiner Untersuchung ein Buch machen könnte.

«Im Augenblick stellt sich die Frage überhaupt nicht», sagte ich zu Christoph. «Erst muß ich die Untersuchung zu Ende führen. Dann will ich entscheiden, ob daraus ein Buch werden soll oder nicht. Ich fühle mich aber durch etwas anderes abgelenkt und beunruhigt. Je mehr ich meine Nachforschungen ausdehne, desto mehr steigen meine Erinnerungen wieder hoch und bestimmen die Richtung meiner Gedanken. Ich will vermeiden, daß sie die Überhand gewinnen.»

Christoph vertritt dagegen gerade die entgegengesetzte These: «Die beiden Geschichten müssen sich geradezu treffen und vermischen. Du mußt deine Stimmungen und Erinnerungen zum Ausdruck bringen, du mußt unbedingt schreiben. Warum fängst du nicht mit deiner Rückkehr von der russischen Front an?»

Am Ende der Diskussion war ich noch mehr durcheinander als vorher. Als einziges steht fest, daß wir die Nachforschungen fortsetzen werden; ich hier, und Christoph in den deutschen Archiven. An das Buch denke ich später.

Am Nachmittag sind wir zu Teresa und Benvenuto in der Nähe von Cuneo gefahren. Schon seit langem wollte ich Christoph zeigen, wie ich arbeite.

28. September

Christoph ist nach Bremen zurückgekehrt. Teresa und Benvenuto haben ihn gestern nachmittag wie einen Freund aufgenommen. Als sie merkten, daß er Deutscher ist, wunderten sie sich nicht besonders. Das einzige Hindernis war, daß wir Dialekt sprachen. Wir führten ein vierstündiges Gespräch, das ich aufgenommen habe. Christoph saß etwas abseits auf einem Sofa und hat leider vieles nicht verstanden. Hier sind die wichtigsten Stellen unserer Unterhaltung, wie ich sie aufgenommen habe:

– TERESA: Ich gebe nur wieder, was ich damals gehört habe. Es hieß, daß die Partisanen diesen Deutschen lebendig fangen wollten, um ihn austauschen zu können. Ja, sie wollten ihn als Geisel. Aber er weigerte sich mitzugehen, und deshalb mußten sie ihn umbringen.

– Wo sollen sie ihn gefangengenommen haben?

– TERESA: Zwischen der Crocetta und dem Haus von Benvenuto kurz vor Tetto Graglia.

– BENVENUTO: Ich war damals in den Bergen, aber mein Vater hat mir die ganze Geschichte erzählt. Nein. Der Deutsche ritt von der Kaserne aus auf der Stura-Seite, also der Friedhof-Seite, damit wir uns recht verstehen, bis zum *cambi 'dla Crusütta*[6], von dort aus durch die Felder bis zu unserem Haus und weiter bis Tetto Graglia. Schließlich bog er in die Via Bodina ein, um zur Kaserne zurückzukehren. Sie fingen ihn nicht am Ufer, sondern auf der Via Bodina in der Höhe des Mastes.

– Zwischen Tetto Graglia und dem Landhaus der Meinardi?

– BENVENUTO: Ja, auf diesem Stück Straße. Mein Vater arbeitete im Maisfeld, als zwei junge Leute kamen und fragten: «Haben Sie vielleicht den Deutschen gesehen?» «Ja, gerade vor ein paar Minuten. Wollt ihr ihn umbringen?» «Nein, wir wollen ihn nur fangen.» Die jungen Männer hatten eine Axt im Gürtel stecken, um sich als Bauern zu tarnen. Bei uns sind viele Partisanen vorbeigekommen, denn Boves und Bisalta liegen ja am anderen Ufer direkt gegenüber. Jeden Samstag kamen drei oder vier Partisanen an die Kreuzung der Staatsstraße mit der alten Straße, um von *Salamot* Tabak zu bekommen, der für das staatliche Monopol nach Borgo unterwegs war. Das mit dem Tabak war ganz normal, denn es gab ein Abkommen zwischen *Salamot* und den Partisanen.

– TERESA: Die Streuwiese, wo sie den Deutschen umgebracht haben, gehörte uns. Wir hatten gerade das Heu

---

6 D.h. bis zur Kreuzung der Staatsstraße Cuneo–Borgo und der alten Straße von Borgo.

eingebracht, da kam einer und sagte zu uns: «Ich habe die Leiche des Deutschen, der immer hier vorbeiritt, ganz in der Nähe von euren Streuwiesen gesehen. An einem kleinen Baum habe ich einen Zweig abgebrochen als Zeichen dafür, wo er liegt.»

— BENVENUTO: Genau gesagt haben sie den Deutschen in einem Graben fast in der Mitte des Flusses umgebracht und ihn dann mit ein paar Zweigen zugedeckt. Beim nächsten Hochwasser hat ihn der Fluß weggetragen.

— Welche Jahreszeit war es? Hattet ihr schon Heu gemacht?

— TERESA: Es war Frühling.

— BENVENUTO: Es war im Mai oder Juni. Tonio aus Tetto Graglia sammelte gerade Maulbeerbaumblätter, also war es die Zeit, in der die Seidenkokons angesetzt werden. Toni war zu Hause, während sein Bruder bei uns in Barricate im oberen Stura-Tal war. Gleich nach dem Attentat nahmen die Deutschen Caserio, Tonis Knecht, mit. Caserio war fast noch ein Kind, er war vielleicht 1934 geboren.

— Wer wurde sonst noch verhaftet?

— BENVENUTO: Sie verhafteten meinen Vater (geboren 1900), Lorenzo Ghibaudo (1929), Beltramino (1904), Matteo Merlo (1898) und Antonio Giordano (1917). Sie hielten sie zwei Tage in der Kaserne von San Rocco fest.

— TERESA: An jenem Morgen hieß es: «Lauft weg, verlaßt eure Häuser. Es gibt eine ‹Säuberung›, die Deutschen kommen.»

— BENVENUTO: Die Deutschen kamen mit einem Dolmetscher zu uns. Mein Vater war im Mais, meine Mutter wollte ihm wenigstens eine Jacke und seine Papiere bringen. «Nichts da, nichts da, weg, weg!» Mein Vater mußte im Unterhemd, wie er war, mitgehen.

— Teresa, haben Sie den Deutschen je vorbeireiten sehen? Sie wohnten ja direkt am Fluß, kurz oberhalb des Hofes der Donati.

— TERESA: Ich habe den Deutschen zwar gesehen, aber

nicht mehr lebend, sondern tot. Unser Hof lag nur ungefähr zweihundert Meter von der Stelle entfernt, wo sie ihn umgebracht haben.

– Sind Sie denn zufällig auf den Leichnam gestoßen?

– TERESA: Nein, wir waren neugierig. Wir wußten, daß die Leiche des Deutschen im Fluß lag, neben einem Baum, einer kleinen Pappel, die einen trockenen Zweig hatte. Das hatte uns ein gewisser *Bersés* gesagt, der an der Kreuzung wohnte und dort immer ins Holz ging. Aber wir sind dort erst nach dem Hochwasser hingekommen, vielleicht Ende August, vielleicht aber auch erst im Herbst. «Sollen wir uns den Deutschen anschauen?» fragten wir uns. Wir durchquerten den Fluß und, weil wir das Zeichen mit dem trockenen Zweig hatten, konnten wir ihn gleich finden.

– Ach du lieber Himmel, nach zwei Monaten war er immer noch da? Hat ihn denn niemand wenigstens mit ein paar Schaufeln Sand zugedeckt?

– TERESA: Er blieb den ganzen Sommer über unbeerdigt. Stellen Sie sich vor: im Sommer! Dann kam das Hochwasser. Ich ging nach einem schweren Gewitter hin. Er war mitten auf einer Insel, der Gesso war «wütend», wie man bei uns sagt, und hat alles mit sich fortgerissen. Der Gesso ist nicht wie die Stura, die brav in ihrem Bett fließt. Es waren nur noch ein paar verstreute Knochen zu sehen [...] und ein Fetzen von einem weißen Unterhemd an einem Zweig.

– Daß aber niemand daran gedacht hat, wenigstens eine kleine Grube in den Sand zu graben ...

– TERESA: Nein, er blieb immer dort im Gestrüpp unbedeckt liegen. Mein Vater war alt, mein Bruder in den Bergen in Barricate. Meine Mutter jammerte immer: «Wollen sie ihn denn nicht begraben?» Wir rochen den Gestank, wenn wir auf die Streuwiesen gingen und Heu machten, und sagten uns dann: «Es riecht nach verfaultem Deutschen.» Denn er lag nur wenige Schritte entfernt. Und die Hunde, alle Hunde ... [...]

– Können sie sich an den Tag des Überfalls erinnern?

– TERESA: Ich erinnere mich, daß die Deutschen bei der gründlichen Suchaktion bis zu uns kamen. Sie fragten uns, ob wir jemanden gesehen hätten, dann gingen sie wieder fort.

– Sie sind weiter als bis zum Fluß gegangen?

– TERESA: Nein, sie gingen nicht einmal bis zu unseren Streuwiesen. Es war ja nicht leicht, den Toten zu finden. Er war gut im Gebüsch versteckt, im Unterholz. Wer hätte denn ausgerechnet mitten im Fluß suchen sollen? Wenn sie ihn gefunden hätten, wäre es uns allen schlecht ergangen, sie hätten uns alle umgebracht und alle Häuser in der Umgebung niedergebrannt.

– Es heißt, sie hätten den Deutschen gleich hinter der Bahnunterführung unterhalb der Uferböschung abgefangen, an dem Weg, den er jeden Morgen entlangritt.

– BENVENUTO: Nein, dieses Gerede glaube ich überhaupt nicht. Nein, nein, sie haben ihn auf dem Rückweg an der Via Bodina erwischt. Das hat mir Tonio aus Tetto Graglia gesagt, und der hat's gesehen. Sie haben ihn am Bein gepackt, vom Pferd heruntergezogen und entwaffnet. Es war Mitte Juni.

– Was ist passiert, nachdem er gefangengenommen war?

– BENVENUTO: Er mußte bis zum Fluß laufen und hätte dann den Fluß überqueren sollen. Aber der Deutsche weigerte sich weiterzugehen. Dann, als sie im Unterholz waren, haben sie ihn umgebracht. So wenigstens wurde behauptet.

– Kann man also ausschließen, daß die zwei oder drei Partisanen aus Zufall auf den Deutschen gestoßen sind?

– BENVENUTO: Nein, sie hatten ja meinen Vater gefragt, ob er einen Deutschen gesehen hatte. Also haben sie ihn gesucht.

– TERESA: Ja, sie erwarteten ihn. Sie wußten, daß er diesen Weg nahm. Sie wollten ihn lebend zum Austausch. Auf der anderen Seite des Flusses liegt Boves, da waren sie schon in Sicherheit.

– Und das Ausbleiben der Repressalien? Wie erklären Sie sich, daß es keine entsprechende Reaktion gab, daß nichts Schlimmes passiert ist?

– BENVENUTO: Zwei Tage vor dem Überfall hatte der deutsche Offizier die Wäscherin im voraus bezahlt, eine Frau aus San Rocco, die die Wäsche der Kaserne und der Soldaten besorgte. Es hieß, daß dieser Deutsche schon lange abhauen, desertieren wollte. Vielleicht hat es deshalb keine Repressalien gegeben. Weil sie die Leiche des Offiziers nicht finden konnten, glaubten sie vielleicht, daß er sich den Partisanen angeschlossen hat. Eines ist aber sicher. Der Deutsche hat keine Angst gekannt, wenn er so allein im freien Feld herumritt. Dazu brauchte man schon Mut. Wenn es ein einfacher Soldat gewesen wäre ... Aber er war Offizier, Hauptmann. Man fragt sich, ob er sich nicht über die Gefahr im klaren war, in der er schwebte.

– TERESA: Also, ich weiß nicht, die Partisanen beobachteten ihn. Er ritt ganz einsame, abgelegene Wege. Dort bei uns am anderen Ufer gab es viele Partisanen. Boves war nur ein paar Schritte entfernt.

– BENVENUTO: Er hat den Tod geradezu gesucht. Je mehr ich darüber nachdenke, meine ich, daß es zwischen dem 10. und 15. Juni und auf jeden Fall vor dem 20. geschehen sein muß. Die Partisanen begingen einen Fehler. Wenn sie das Pferd an einen Baum gebunden hätten, hätten sie bequem Zeit gehabt, den Ort des Überfalls zu verlassen. Statt dessen ist das Pferd zur Kaserne zurückgekehrt, hat sie verraten, und bei den Deutschen wurde sofort Alarm geschlagen. Einige sagen, der Deutsche hätte sich geweigert, weiterzugehen, sobald er die Alarmsirene der Kaserne hörte.

– CHRISTOPH (der sich aus seiner sprachlichen Isolation löst und uns zwingt, vom piemontesischen Dialekt zum Italienischen zu wechseln): Es bestand aber ein Verbot, allein die Kaserne zu verlassen. In den Partisanengebieten mußten sie immer zu zweit sein. Dafür gab es genaue Bestimmungen.

— TERESA: Trotzdem und trotz der Ausgangssperre kam fast jeden Abend ein polnischer Soldat zu uns. Mit anderen Polen war er in dem Hof, der dem Rechtsanwalt Gaetano Toselli gehört, ganz in der Nähe der Kaserne einquartiert. Jeden Abend begleitete er einen jungen Bauern bis zu uns, der auch dort wohnte und mit meiner Schwester verlobt war. Der Pole fragte uns Mädchen: «Habt ihr Brüder?» «Nein, wir haben keine Brüder.» Er fürchtete, daß unsere Brüder Partisanen waren. Eines Abends glaubte er, daß in der Nähe Partisanen waren, deshalb lief er in den Hof hinaus und schoß zweimal in die Luft. Der Pole besuchte uns dann zwei Monate nach Kriegsende wieder. Als er meinen Bruder Marco sah, sagte er: «Also gab es doch einen Bruder. Ich dachte mir schon, daß er bei den Partisanen war.» Aber ich spreche von Dingen, die sich viel später als das Attentat zugetragen haben, im darauffolgenden Winter. [...]

— CHRISTOPH: Wie haben die Leute das Attentat kommentiert? Abgesehen davon, daß sie Angst hatten, waren sie einverstanden?

— TERESA: Nein.

— BENVENUTO: Es war nur ein Deutscher. Aber die Leute waren nicht einverstanden, weil sie Angst hatten.

— Man hat nicht gerade geweint, weil sie einen Deutschen erwischt hatten.

— TERESA: Nein.

— BENVENUTO: Man befürchtete vor allem, daß die Deutschen alle umbringen und alles niederbrennen würden.

— Die Leute hatten vor den Repressalien Angst. Alles andere war zweitrangig.

— BENVENUTO: Damals ging es schnell mit dem Töten. Es gab die Repressalien und die Bombenangriffe ...

— Christoph, werden wir ihn in Deutschland finden?

— BENVENUTO: Ist dein Freund Italiener?

— Nein, er ist Deutscher.

— TERESA: Er sah mir schon wie ein Deutscher aus.

– Er ist Deutscher, aber nicht einer von denen, die wir damals kennengelernt haben.

– BENVENUTO: Inzwischen sind wir sowieso alle gleich.

– Sagen wir, wir sind gleich, weil wir einen *jungen* Deutschen vor uns haben.

– CHRISTOPH: Ich bin zwei Jahre vor der Begebenheit von San Rocco geboren.

– TERESA: Der Deutsche hätte Ihr Vater sein können.

– CHRISTOPH: Ja, er hätte mein Vater sein können.

29. September

Ich erhalte ein Päckchen aus Cuorgnè mit einigen Seiten aus dem Buch von Vasely Staudek *La resistenza cecoslovaca in Italia 1944–1945*[7]. Daraus entnehme ich, daß am 27., 28. und 29. Mai 1944 in Norditalien 11 tschechische Bataillone, d. h. Truppen der Regierung des Protektorats Böhmen und Mähren, stationiert waren. Das VII. Bataillon soll in Alba gewesen sein, das VIII. und XI. in Fossano, das IX. und XII. in Savigliano. Aber diese Angaben werden zum größten Teil von den Berichten der Militärkommandantur 1020 aus dem Archiv in Freiburg widerlegt. Vielleicht hat sich nur das VIII. und XI. Bataillon für kurze Zeit in Fossano aufgehalten. Die anderen wurden in andere Gebiete in Piemont und Venetien verlegt.[8]

7 Jaka Book, Mailand 1975.   8 In dem Buch von Vasely Staudek findet sich folgender Hinweis auf die Anwesenheit tschechischer Soldaten in Fossano, der sich vielleicht auf Anfang Juni beziehen läßt: «Einige Ereignisse erhöhten das Mißtrauen der Deutschen, so z. B. ein Fußballspiel zwischen dem Team der tschechischen Soldaten und dem von Fossano del Piemonte, das auf den von den Italienern gedruckten Plakaten als Spiel «Tschechoslowakei-Fossano» angekündigt wurde. Allein das Wort ‹Tschechoslowakei› führte zu einer scharfen Reaktion der Deutschen. Das Treffen war von enthusiastischen Sympathiekundgebungen der beiden Völker begleitet. Anderswo kam es zu bedrohlichen Zusammenstößen zwischen tschechischen und deutschen Soldaten, und dann gab es die Desertionen.»

Ezio, der sich für mein Problem wirklich einsetzt, hat an seine drei tschechischen Freunde Leopold, Josef und Karel geschrieben. So werden wir feststellen können, ob wir weiter die tschechische Spur verfolgen sollen oder nicht.

2. Oktober

Christoph hat mit seiner Anregung recht, daß ich dem Strom meiner Erinnerungen freien Lauf lassen muß. Wenn ich sie unterdrücke, werde ich sie bestimmt nicht zur Ruhe bringen. Aber ich muß vermeiden, daß sich die beiden Geschichten überlagern. Vor allem aber muß ich vermeiden, daß ich mich zu sehr mit der Geschichte von San Rocco identifiziere.

5. Oktober

Aus dem Gewirr meiner Erinnerungen drängt sich vor allem die an die Rückkehr von der russischen Front vor.

Ich lese in meinem Rußlandtagebuch:

– 11. März [1943]: Schlobin. 9 Uhr: Befehl zum Beladen. Um 16 Uhr soll es losgehen. 24 Uhr: Abreise, sechzig in einem Waggon.

– 12. März. 13 Uhr: Minsk.

– 13. März. 4 Uhr: Brest-Litowsk. Langer Aufenthalt, Desinfektion.

– 14. März. 6.30 Uhr: Deblin. Wir sind in Polen, große Wälder, endlich etwas Grün.

– 15. März. 6 Uhr: Kattowitz. 9.40 Uhr: Oderburg. Wir sind noch in Polen. Der Krieg ist schon weit weg. Gut angezogene Menschen, Personenzüge. 11.30 Uhr: Wir überqueren die Oder. 14.10 Uhr: Weiskirchen, wir sind in Österreich.

– 16. März. 6.30 Uhr: Wien. Ein Wagen voller Obst für uns. Aber die Wachen nützen die Situation aus und stehlen.

– 17. März. 5.15 Uhr: Tarvis. 10.55 Uhr: Camporosso.

Frauen entlang den Gleisen flehen uns um Nachrichten über die Alpini-Division Julia an. Dann Pontebba, Gemona, Tarcento. 15.15 Uhr: Udine.

In Tarvis hörte man Rufe «Italien, Italien». Aber wir lagen dichtgedrängt auf dem Boden des Waggons, und niemand von uns rührte sich. Erst nach Tagesanbruch konnten wir endlich kurz aussteigen.

Dann ging es im Schneckentempo weiter, als ob man in Udine noch nicht bereit wäre, uns zu empfangen.

Von Carabinieri zurückgedrängt, standen auf dem Bahnhof von Udine unter der Überdachung ungefähr hundert Menschen, die ängstlich auf Nachrichten warteten. Wir dagegen wurden weit weg, als hätten wir die Pest, auf ein totes Gleis geleitet. Nur einige Lumpensammler hatten sich geschickt wie Hühnerdiebe unter die Soldaten gemischt. Sie boten ein paar Lire für eine völlig zerfetzte Decke voller Läuse.

Die Kasernen lagen nicht weit von den Gleisen entfernt, und wir erreichten sie zu Fuß. Sie waren neu, freundlich und nicht so heruntergekommen wie die von San Rocco.

In der Quarantänezeit beschäftigte ich mich ständig mit dem Problem der «Vermißten».

Am Don hatten zu meiner Kompanie 8 Offiziere und 342 Soldaten gehört. In Udine waren wir noch 3 Offiziere und 70 Gebirgsjäger.

Jeden Tag trafen wir uns, um durch Frage und Antwort eine Liste der Fehlenden zu erstellen. Für jeden Gefallenen mußte eine Erklärung von mindestens zwei Zeugen unterschrieben werden. Bei jedem «Vermißten» versuchten wir festzustellen, wer ihn zuletzt gesehen hatte und in welcher Verfassung er gewesen war. Auch die schwerverwundet in der Schneewüste bei minus 20 bis minus 40 Grad Zurückgelassenen rechneten wir zu den «Vermißten».

Ich glaubte nicht mehr an militärische Ränge, an formale Disziplin und an von oben aufgezwungene Regeln. In den Tagen der Katastrophe hatte ich mir geschworen, das Heer zu verlassen, wenn ich diese Hölle je überstehen sollte. Bei der patriotischen Propaganda, die das sogenannte *Ufficio Assistenza* (*Hilfsbüro*) verbreitete, wurde mir schlecht, denn sie roch nach Faschismus, auch wenn ein Hauptmann des Heeres dafür verantwortlich war.

Es war verboten, den Quarantänebereich zu verlassen, denn man fürchtete Kontakte zur Bevölkerung und die Ausbreitung des Flecktyphus. Eines Morgens aber durchbrach ich die Regeln, so groß war mein Bedürfnis, hinauszukommen, ja zu fliehen.

Die fast menschenleeren Arkaden im Zentrum von Udine mit ihrem Halbschatten erinnerten mich an mein heimatliches Cuneo. Ich konnte mich nur mühsam fortbewegen, und das nicht nur wegen der Erfrierungen an den Füßen. Eine Lungenentzündung machte mich müde und ließ mich nur schwer atmen.

Ich flüchtete mich in eine Bar, die mir ganz normal schien, aber sofort fühlte ich mich fehl am Platze. Das Lokal war elegant und ganz mit Spiegeln ausgestattet. Je mehr ich mich darin ansah, desto unwohler fühlte ich mich. Ich war ziemlich schlecht angezogen. Ich trug dieselbe grobe Uniformjacke wie am Don; sie war ausgebleicht wie das Gras vor dem ersten Schnee. Am oberen Ärmel war ein Riß nur schlecht vernäht, genauso wie meine Wunde. Die Hosen waren neu und auffallend grün. Der Gebirgsjägerhut war ebenfalls neu, rund wie ein *panettone*[9], und sah so unmöglich aus, daß ich mich weigerte, ihn aufzusetzen. Nur die braunen Ledergamaschen und die Stiefel mit den Vibram-Sohlen ließen vielleicht erkennen, daß ich Offizier war.

Als ich am 2. April das Quarantänelager endlich hinter mir lassen konnte, hatte ich große Lust zu weinen. Ich trennte mich von einer Welt, die im Guten wie im Schlech-

---

9 Runder Weihnachtskuchen.

ten die meine gewesen war und blieb. Ein Lebensabschnitt ging zu Ende. Ich blickte noch einmal zur Kaserne zurück, und in diesem Augenblick erschien vor mir wie in einem Traum die lange dunkle Spur des Rückzugs aus Rußland.

Mein ganzes Gepäck bestand aus einem eher langen als breiten Bündel. Ich war stolz auf meine automatischen Waffen, die zwei russischen Parabellum und die deutsche Maschinenpistole, die in ein Stück Zelttuch eingewickelt waren. Ich wußte, daß das illegal war, aber die Rebellion war inzwischen meine einzige Kraftquelle. Nur wenn ich rebellierte, fühlte ich mich nicht besiegt.

Zwischen Udine und Mestre achtete niemand auf das Gepäckstück. Ich fürchtete aber die lange Fahrt bis Cuneo. Deshalb ging ich zur Gepäckaufgabe. Der Bedienstete verschnürte das Paket sorgfältig und versiegelte es. Auf die Frage, ob ich schnelle oder normale Beförderung wünschte, antwortete ich instinktiv «normal».

Am nächsten Tag kam ich gegen Mittag in Cuneo an. Mein Vater und meine Schwester Tere empfingen mich, Annetta war leider in Turin. Wir wohnten ganz in der Nähe des Bahnhofs, aber mein Vater hatte ausnahmsweise ein Taxi bestellt. Wir fuhren durch den Corso IV Novembre, dann durch den Corso Umberto und kamen gerade an der Kaserne Tornaforte vorbei, als mich mein Vater fragte: «Wie viele Orden sind es denn jetzt?» Ich antwortete, daß ich immer noch genau so viele Orden wie vorher hätte, und schwieg. Mein Vater liebte mich abgöttisch, aber er verstand nur wenig von dem, was ich erlebt hatte. Für ihn war es noch so wie früher, wenn ich von den «Campi dux»[10] oder von der Militärakademie in Modena heimgekommen war.

Nach den ersten Tagen im Kreis der Familie wurde ich

10 Sportwettkämpfe im faschistischen Italien, vergleichbar mit den «Reichssportwettkämpfen» in Deutschland während des Nationalsozialismus.

immer unzugänglicher und immer weniger bereit, aus mir herauszugehen. «Warum sagst du nichts?» fragten alle, fragte mich Annetta. Aber es war nichts zu machen. Je mehr sie mich bedrängten, desto mehr verschloß ich mich in mich selbst. Manchmal flüchtete ich mich in mein Zimmer, und wenn ich an Grandi, an Perego und an Torelli[11] dachte, fühlte ich mich einsamer denn je und weinte lange. Ein Teil von mir war für immer dort bei ihnen geblieben.

Jede Nacht erlebte ich im Traum den Rückzug aus Rußland. Ich hörte die Schreie der Mannschaft, erlebte Gefechte, und wenn der Alptraum ganz schrecklich wurde, schrie ich «Schieß doch, schieß!», schreckte aus dem Schlaf auf und sah meinen Vater und meine Mutter an meinem Bett stehen.

Wenige Tage später kamen dann die Verwandten der «Vermißten», um mich auszufragen und Nachrichten zu erflehen. Ich wiederholte allen, daß ich zur Division *Tridentina* und nicht zur *Cuneense* gehört hatte, aber sie erwarteten dennoch ein Wort der Hoffnung und des Trostes.

Auch der Vater von Grandi und die Mutter von Perego kamen aus Florenz und Sondrio. Sie wußten von der Schlacht am 26. Januar bei Arnautovo, aber sie wollten mehr wissen. Ich versuchte die Tatsachen so wenig brutal wie möglich darzustellen, ohne aber die Wahrheit zu vertuschen.

Eines Morgens fuhr ich nach Nervi, um die Verwandten von Torelli aufzusuchen. Zum ersten Mal trug ich wieder Uniform. Eigentlich wollte ich noch am selben Tag zurückfahren, aber Torellis Mutter hielt mich noch bis zum nächsten Tag zurück. Sie bestürmte mich mit unzähligen Fragen, eine schlimmer als die andere, und ich antwortete mit unzähligen Lügen. Sie wollte alles wissen, auch wo und wie wir unsere Gefallenen bestattet hatten ...

11 Giuseppe Grandi, Giuseppe Perego und Mario Torelli: während der Kämpfe bei Arnautovo (bei Nikitowka oder Nikolajewka, Rußland) am 26. Januar 1943 gefallene Kameraden des Autors.

Auf dem Rückweg hatte ich am Bahnhof von Savona Aufenthalt. Als ich mich gerade aus dem Abteilfenster beugte, sah ich auf dem Bahnsteig am Zug drei Deutsche entlanglaufen. Sie waren fröhlich und unterhielten sich laut. «Wenn sie mich jetzt anschauen und mich dumm anreden, dann bringe ich sie um, dann schieß' ich sie über den Haufen.» Ich hatte die Hand an der Pistolentasche. Sie gingen aber an mir vorbei, ohne mich zu beachten, so als ob ich gar nicht da wäre. Ich kam wieder zu mir. Die Deutschen haßte ich so sehr, daß mir das Blut schon zu Kopf stieg, wenn mir einer zu Gesicht kam. Zu Unrecht glaubte ich, daß sie allein für unsere Katastrophe verantwortlich waren. Ich hatte mir auferlegt, nichts zu vergessen, und dafür mußte ich jetzt den Preis zahlen.

28. November

B. und G. versprechen, unter der Bedingung auszusagen, daß ihre Namen nicht genannt werden. «Man weiß nie, man kann nie vorsichtig genug sein.» 1944 waren sie ganz jung, B. war 12 und G. gerade erst 13.

— Wir haben den Reiter jeden Morgen gesehen. Er ritt bis zum *Picuna*-Hof[12], dann durch die Eisenbahnunterführung und weiter zum Gesso. Ob er Deutscher, Russe oder Pole war, wußte niemand so genau. Um diese Zeit gab es viele Russen in der Kaserne von San Rocco.

— War er Soldat, Feldwebel oder Offizier, und wie alt war er?

— Er war Offizier, Leutnant oder Hauptmann, und ungefähr dreißig Jahre alt.

— Wißt ihr, ob er mit den Leuten gesprochen hat?

— Nein, er hat nicht mit den Leuten gesprochen. Mit uns hat er nie gesprochen. Wir haben uns immer vor der

---

12 Dialektname für den Piccona-Hof, der weiter unten noch eine Rolle spielt (5. Januar 1990).

Kirche getroffen und wollten spielen und sonst nichts. Mit uns hat er nie gesprochen.

— Welche Jahreszeit war es?

— Es war das Frühjahr 44. Der Gesso führte viel Wasser.

— Wie habt ihr davon erfahren?

— An dem Morgen sprach es sich herum, daß die Partisanen hinter der Bahnunterführung einen Deutschen gefangen hätten. Es hieß aber auch, daß er vielleicht geflohen war, um sich den Partisanen anzuschließen. Ja, ja, daß er desertiert sei. So munkelten die Leute.

— Habt ihr untereinander über den verschwundenen Soldaten gesprochen?

— Ja, wir waren neugierig. Vielleicht haben wir zuviel darüber gesprochen. Am Nachmittag so gegen fünf saßen wir etwa zu zehnt auf dem Platz vor der Kirche um den Brunnen herum. Da kam ein deutscher Feldwebel, der gut italienisch sprach. Er forderte uns auf, in die Kaserne mitzukommen. Wie waren fröhlich, denn wir fühlten uns wichtig. Dort haben sie uns Fragen gestellt: «Habt ihr ihn heute morgen gesehen?» «Ja, wir haben ihn vorbeireiten sehen.» «Wohin ritt er?» «Ah, das wissen wir nicht.» Dann ließen sie uns gleich wieder frei.

— Warum haben sie gerade euch befragt?

— Vielleicht, weil eine Frau, die bei den Deutschen ein und aus ging, gehört hatte, daß wir das, was alle hinter vorgehaltener Hand sagten, laut ausgesprochen hatten.

— Wer war diese Frau?

— Eine, die nicht mehr in Cuneo wohnt und an deren Namen wir uns lieber nicht mehr erinnern wollen.

1. Dezember

Ein Brief von Ezio aus Cuorgnè. Er hat nichts von seinen drei tschechischen Freunden erfahren können, nichts über Cuneo und die Kaserne von San Rocco.

1989

Die Wiederkehr der Vergangenheit

9. März

Ein langer Brief von Christoph aus Joannina in Epirus ohne
jeden Hinweis auf den «einsamen Reiter». Jetzt hat ihn die
deutsch-italienische Besetzung Griechenlands in Beschlag
genommen.

Christoph lag noch in den Windeln, als ich in Rußland
gegen meine Unwissenheit kämpfte, aber ihm sitzt der
Krieg im Kopf, als ob er damals schon erwachsen gewesen
wäre.

14. März

Nachrichten von Ezio. Sein Freund Josef Panek hat in der
Zeitschrift der ehemaligen tschechischen Kämpfer *Hlas Re-
voluce* unter der Rubrik «Výzvy» eine Suchanzeige über den
«Vermißten» von San Rocco erscheinen lassen. Ich glaube
nicht, daß dabei etwas herauskommen wird, denn ich habe
nie so recht an die tschechische Spur geglaubt.

15. Juni

Ein Brief von Christoph aus Bremen. Seine hübschen kom-
mentierenden Zeichnungen machen mich vergnügt. Das ist
ein gutes Zeichen. Christoph hat Heimweh nach Griechenland, wo er möglichst bald wieder hinfahren will. Er
schreibt: «Griechenland ist so weit weg. Nur die Sendung für
die griechischen Gastarbeiter in der Bundesrepublik, die ich
jeden Abend anhöre, läßt in mir wieder die Erinnerung an
den Alltag in Griechenland wachwerden, an die Sonne, das
Meer und die rauhe, ausgedörrte Bergwelt von Joannina.»

Er spricht von seinem neuen Buch *L'attesa. Cronaca di
una prigionia al tempo dei lager (Die schönsten Jahre. Chronik*

einer Liebe 1943–1945), das bei Editori Riuniti erscheint. Sein großer Traum aber bleibt, daß in Italien sein Buch über Walerjan Wróbel publiziert wird, einen polnischen Jungen von sechzehn Jahren, den ein Bremer Gericht als «Volksschädling» zum Tode verurteilte. Am 25. August 1942 wurde er im Gefängnis in Hamburg enthauptet.

Ich muß Christoph gestehen, daß meine Nachforschungen über die Begebenheit von San Rocco kaum Fortschritte machen. Die Arbeiten der Lemberg-Kommission haben mir zwei wertvolle Jahre geraubt. Es ist jetzt schwieriger, als man glauben könnte, weitere Zeugenaussagen zu sammeln. Den Juli werde ich mit Anna in Verduno verbringen. In dieser ruhigen Umgebung werde ich die Zeugenaussagen, meine Aufzeichnungen und die Korrespondenz mit Christoph ordnen und die weitere Arbeit planen.

12. Juli

Verduno. Immer wieder gehe ich meine Aufzeichnungen durch. Aber ich weiß nicht, wo ich anfangen soll, um etwas Ordnung in meine Vorstellungen zu bringen. Immer stärker wird die Versuchung, mich in meine eigenen Erinnerungen zu versenken, jetzt tauchen die Bilder meiner Jugend auf: meine Familie, die Schule, der Faschismus, das damalige Cuneo, die ersten Entscheidungen, ob sie nun falsch oder richtig waren. Immer wiederholt sich diese Geschichte.

25. Juli

Verduno. Ich treffe C. M., einen ehemaligen Partisanen aus Belgien. Er ist Jude, hat eine polnische Mutter und einen russischen Vater. Wir verstehen uns sofort.

Ich erzähle ihm von meiner Nachforschung und frage ihn: «Gab es gute Deutsche?» «Nein, es gab keine guten Deutschen. Vielleicht einen einzelnen für sich schon, aber zwei zusammen waren nicht gut.» «Und der Überfall?» «Es war dumm, einen Deutschen zu töten, um sich seiner Pistole zu bemächtigen.» «Das Ausbleiben der Repressalien?» «Wenn es keine Repressalien gab, dann war der Verschwundene kein Deutscher.»

26. Juli

Verduno. Ein Brief von Christoph aus Bremen. Er hat gerade das noch unveröffentlichte Vorwort zur zweiten Auflage meines Buches *L'ultimo fronte* gelesen und geht darauf ein, was ich über die Lemberg-Kommission schreibe. Er verurteilt diejenigen, die «mündliche Quellen» geringschätzen und Oberflächlichkeit als «historische Distanz» ausgeben. Dann kommt er auf ein Thema, das ihm besonders am Herzen liegt: «Euren damaligen Haß gegen die ‹höhere Rasse›», gegen alle Deutschen. «Meistens fühle ich mich gar nicht als Deutscher», schickt Christoph voraus – wie um zu unterstreichen, daß er nicht Partei ergreifen will –, und fügt hinzu: «Vielleicht hat Euch Euer damaliger Haß blind gemacht, so daß Ihr all die armen Teufel, die auch die deutsche Uniform trugen, gar nicht mehr wahrnehmen konntet.» Dann weist er auf das «beschämende Schauspiel» der Judenverfolgung hin und bekräftigt, daß es nicht für alle Deutschen anregend wie eine Droge war. «Nuto, Du weißt besser als ich, daß nicht alle Deutschen gleich waren.» In dem Versuch, sich in die damalige Situation zu versetzen, stellt er sich die Frage, wie er sich verhalten hätte. «Mein Vater mußte nicht an die Front, er war ein ängstlicher und schwacher Mensch, der nicht einmal einer Fliege etwas zuleide getan hätte. Die eigentliche Tragödie ist die, daß es ihnen gelungen ist, mit einer furchtbaren Disziplin auch die zu beugen, die nicht die Kraft zum Widerstand besaßen. Es gab in Deutschland wegen der Tradition des Gehorsams und aus Konformismus noch nie viele Rebellen. Wir sind kein Volk von Rebellen. In diesem Sinn fühle ich mich als Deutscher. Es fällt mir schwer, mich zu widersetzen, und ich ziehe es vor zu vermitteln, zu befrieden und Streitigkeiten beizulegen ...»

Und der einsame Reiter? Christoph hat endlich von dem ostdeutschen Historiker Klaus Scheel Informationen über die Truppen in Cuneo erhalten, vielleicht das einzige vorhandene Material in den Archiven der DDR. Aber für unsere Nachforschungen ist nichts dabei.[1]

9. Dezember

Christoph ist zu dem Kongreß über *Attualità dell'antifascismo – Le ragioni di una scelta lontana* (*Die Aktualität des Antifaschismus – Die Gründe für die damalige Entscheidung*) nach Cuneo gekommen. Wir haben nur am Rande des Kongresses Gelegenheit, über die Nachforschungen in den verschiedenen deutschen Archiven zu sprechen.

[1] «In Cuneo waren vor allem Versorgungstruppen stationiert. In Cuneo-Confreria befanden sich der Leitende Sanitätsoffizier (der Division «Littorio» unterstellt) und die 102. Kompanie Sanitätstruppen (bespannt), in Cuneo selbst lagen einige Teile der Heeres-Verpflegungs-Dienststelle 802. In der Kaserne von San Rocco war der 2. Krankenkraftwagenzug stationiert [...]. Es gibt keine Anhaltspunkte dafür, daß der in der Umgebung von San Rocco verschwundene Offizier im Rahmen einer Strafmaßnahme nach Cuneo versetzt worden ist, und auch nicht dafür, daß er gefangengenommen wurde. Die Nachforschungen haben nichts ergeben.» Diese Aussagen beziehen sich nur auf den Winter 1944/45 und betreffen nur den Sanitätsdienst der Division «Littorio».

1990
Die «mündlichen Quellen»

2. Januar

Schon allzu lange habe ich nichts mehr unternommen, als würden sich die Probleme von selbst lösen. Um vorwärts zu kommen, werde ich ab morgen eine Reihe von Leuten treffen, um vor allem den genauen Tag des Attentates herauszubekommen. Ohne diesen Fixpunkt werden die Nachforschungen in den deutschen Archiven bestimmt nicht auf den rechten Weg kommen.

3. Januar

Mit Marcos Hilfe habe ich Lina, Jahrgang 1920, und ihren Mann Giovanni, Jahrgang 1914, getroffen.

Lina beginnt das Gespräch mit Vorwürfen: «Ja wenn Sie vor dreißig Jahren zu uns gekommen wären ... Die, die etwas wußten, sind inzwischen alle tot.»

«Vor dreißig Jahren war ich noch gar nicht geboren», gebe ich Lina zurück, und sie antwortet mit einem herzlichen Lachen. Dann meine erste Frage:

— Wo haben Sie 1944 gewohnt?

— LINA: Ich stand kurz vor meiner Heirat und wohnte auf einem Hof oberhalb der Kapelle der Crocetta, in Richtung Borgo, zwischen der Uferstraße und dem Fluß. Giovanni wohnte dagegen auf einem Hof direkt neben der Kaserne von San Rocco, auf dem Hof des Rechtsanwaltes Toselli. Er kann eine Menge erzählen.

— GIOVANNI: Von unserer Getreidescheune aus konnten wir alles beobachten, was in der Kaserne vorging. Im September 43, als die Deutschen Boves in Brand gesteckt hatten, sind die Soldaten mit lauter Diebesgut in die Kaserne zurückgekommen. Sie hatten Kühe, Schweine und viele Hühner, die überall herumflogen. Eine von den Kühen, die heute vielleicht drei Millionen Lire wert wäre, hatte sich auf unsere Felder verirrt. Mein Vater hat sie sofort wieder den Deutschen zurückgebracht.

– Und die Geschichte von dem Deutschen, der immer Ausritte machte?

– GIOVANNI: Ich erinnere mich, wie das Pferd in die Kaserne zurückkam und wie sie aufbrachen, um den Deutschen zu suchen. Es waren Soldaten, eine Frau und zwei Hunde.

– Eine Frau?

– GIOVANNI: Ja, die Dolmetscherin.

– Wieviele Soldaten waren es? Viele oder wenige?

– GIOVANNI: Ich habe nur wenige Soldaten gesehen, vier oder fünf und die Dolmetscherin. Ich hatte gemerkt, daß etwas Merkwürdiges vor sich ging, und hatte mich auf einem Maulbeerbaum versteckt.

– In welche Richtung ging die Patrouille?

– GIOVANNI: Sie nahmen den Weg, den der Offizier normalerweise geritten war. Sie gingen am Friedhof entlang bis zur Mühle, dann überquerten sie die Staatsstraße Cuneo–Borgo und gingen vielleicht bis zur Kapelle hinter der Crocetta. Ich habe den Offizier öfters gesehen, der immer gegen 9 oder 10 Uhr zu seinem Ausritt aufbrach.

– War er jung oder älter nach Ihrer Erinnerung? Und welche Uniform trug er?

– GIOVANNI: Er war ein Leutnant von kaum mehr als zwanzig Jahren, und nicht wie die Deutschen gekleidet, er trug eine cremegelbe Uniform. Meiner Ansicht nach war er Russe, denn damals waren Russen in der Kaserne.

– Haben Sie das Pferd gesehen, als es ohne Reiter in die Kaserne zurückkam?

– GIOVANNI: Nein, ich habe nur das Durcheinander gesehen, als Alarm gegeben wurde. Meine Mutter sagte: «Jetzt gibt es eine Suchaktion.» Dann habe ich mich auf dem Maulbeerbaum versteckt.

– War es Frühjahr oder Sommer?

– GIOVANNI: Wir haben die Blätter für die Seidenraupen gesammelt, also war es Anfang Juni.

– LINA: Es war zwischen dem 20. und 25. Juni, wir haben Heu gemacht. An dem Tag waren wir auf den Streuwiesen am Fluß und sahen die Deutschen ganz in der Nähe, in etwa fünfzig Meter Entfernung vorbeikommen. Sie waren zu viert oder zu fünft, aber sie mußten durch das Wasser und sind umgekehrt. Es wäre schlimmer gewesen, wenn sie diesen Seitenarm des Gesso durchquert hätten, denn die Leiche lag ganz in der Nähe zwischen den Büschen. Der Tote ist dann lange unbeerdigt geblieben. Wir hofften immer, daß ihn jemand begraben würde. Meine Mutter hat Messen lesen lassen, ja, damit der Fluß Hochwasser führen und ihn wegspülen sollte. Sie wissen, wie er ist, unser Herrgott ...

– Wußten Sie genau, wo sie den Deutschen gelassen hatten?

– LINA: Anin, eine alte Frau, die immer ihre Kuh auf die Weide trieb, ist am Tag nach der Suchaktion auf den Toten gestoßen. Sie erschrak furchtbar und wäre beinahe ohnmächtig geworden. Danach lief sie schnell zu meiner Mutter, um etwas zu sich zu nehmen, einen Kaffee oder einen Schnaps. Nach einiger Zeit kam Anin wieder zu uns, und ich bedrängte sie, mich zu der Leiche zu begleiten. Meine Mutter wiederholte immer wieder: «Geh nicht, geh nicht.» Schließlich, bin aber doch mit Anin hingegangen, um den Toten zu sehen. Der Fluß hatte ihn aber schon weggetragen.

4. Januar

Ein weiteres Treffen mit Carla und Michele.

– Wo wohnten Sie 1944?

– CARLA: Ich wohnte ganz in der Nähe der Bahnunterführung zwischen dem Uferhang und dem Gesso.

– MICHELE: Wir waren noch verlobt. Ich wohnte oben am Hang, zwischen der Crocetta und Tetto Graglia.

— War es Frühling oder Sommer, als der Deutsche gefangen wurde?

— CARLA: Es war Ende März oder Ende April.

— MICHELE: Ja, ja, die Felder waren leer, der Schnee war getaut, und es kam das erste Grün. Es war Anfang April.

— CARLA: Ach, ich habe den Krieg ... Ich habe ungezählte Male von dem weißen Pferd geträumt, das immer durch das Feld von Aime lief.

— War es ein weißes Pferd?

— CARLA: Ja, es war weiß.

— Manche sagen, es war rotbraun wie Ziegel.

— CARLA: Nein, das Pferd, das ich auf Aimes Wiese laufen sah, war weiß.

— MICHELE: Ich kann nichts sagen, denn ich habe das Pferd nie gesehen. Ich arbeitete bei der Bahn und fuhr täglich schon bei Sonnenaufgang nach Cuneo.

— CARLA: Am Tag des Attentats habe ich es in der Wiese von Aime gesehen. «Schau an», sagte ich mir, «schon wieder der Offizier mit seinem weißen Pferd.»

— Wie sah der Offizier Ihrer Erinnerung nach aus? War er jung? Welche Uniform trug er?

— CARLA: Ich sah ihn nur von weitem. Er war schlank und groß und mochte vielleicht um die dreißig Jahre alt sein. Er trug eine Uniform, die nicht graugrün war wie bei unseren Soldaten, sondern nußbraun.

— Haben Sie gesehen, wie er gefangengenommen wurde?

— CARLA: Nein, nein, ich war zu Hause. Als das Gerücht die Runde machte, das Pferd sei ohne Reiter in die Kaserne gekommen, waren schon Patrouillen unterwegs, die auch zu uns gekommen sind.

— Waren es viele?

— CARLA: Etwa vierzig, sie waren wie wilde Tiere. Einer meiner Brüder konnte fliehen, ein anderer hatte sich im Keller versteckt, zwei wurden verhaftet. Vor dem Hof bauten sie solche Maschinengewehre mit Gurt auf und begannen, auf meinen Bruder zu schießen, der wegrannte. Ich habe geschrieen und mich dann vor die Maschinengewehre geworfen, damit sie nicht weiterschießen konnten. Schließlich hat sich ein Dolmetscher eingeschaltet, und die Maschinengewehre hörten zu schießen auf.[1]

– Wer war der Dolmetscher? Eine Frau oder ein Mann?

– CARLA: Ein Mann von ungefähr fünfunddreißig Jahren. Ich kann ihm nur dankbar sein, denn ohne sein Eingreifen hätten sie uns alle umgebracht.

– Wann sind sie zu Ihnen gekommen?

– CARLA: Es war halb zehn oder zehn. Dann sind sie mit meinen zwei Brüdern abgezogen. Gegen Mittag war die Patrouille in der Nähe der Kapelle der Crocetta und ging nach Tetto Graglia hinunter. Ich rief vom Ufer aus die Namen meiner zwei Brüder in der Hoffnung, daß sie mich hören könnten. Nach zwei Stunden war die Suchaktion beendet.

– Wo fand der Überfall statt?

– CARLA: Sie haben ihn auf der Wiese von Aime am Ufer in der Nähe der Bahnunterführung gefangen.

– MICHELE: Oder direkt am Fluß, wer weiß?

– Einige behaupten, sie hätten ihn auf der Via Bodina kurz vor Tetto Graglia erwischt.

– CARLA: Nein, am Ufer. An dem Morgen habe ich ihn auf Aimes Wiese gesehen. Er hielt gar nicht lange an, er kam jeden Morgen, um sein Pferd ein bißchen zu bewegen, dann kehrte er in die Kaserne zurück. Man sieht, daß die Partisanen bloß den richtigen Zeitpunkt abgepaßt haben, um ihn gefangenzunehmen.

– MICHELE: Na ja. Wer weiß, ob die Partisanen ihn abgepaßt haben, oder ob er sich nicht selbst zu den Partisanen

---

[1] Es ist fast sicher, daß es sich nicht um die Suchaktion vom Juni 1944 handelt, sondern um eine frühere Aktion, möglicherweise im Dezember 1943. Zumindest könnten sich die Erinnerungen an zwei verschiedene Ereignisse überlagern.

schlagen wollte. An dem Morgen war ich zu Hause, und als gegen 9 Uhr das Gerücht umging, daß die Partisanen den Deutschen gefangen hätten, bin ich schnell nach Cuneo gefahren und bis zum späten Abend nicht mehr zurückgekommen. Als Bahnangestellter hatte ich einen deutschen Passierschein.

– CARLA: Ich werde nie vergessen, wie sie in unseren Hof kamen. Sie schimpften laut auf die Partisanen. Ich meine, sie schrieen: «Badogliani, Badoglio![2]» Sie waren alle jung und führten sich auf wie die Verrückten.

– Was ist nach der Suchaktion passiert?

– CARLA: Einen meiner Brüder haben sie in Cuneo in der Leutrum-Kaserne acht Tage lang gefangengehalten. Dann ließen sie ihn wieder frei, weil seine Papiere in Ordnung waren. Den anderen haben sie zwei Monate lang im Gefängnis in Mondoví festgehalten. Gott sei Dank mußte er nicht nach Deutschland. Ich wurde lange beim deutschen Kommando verhört, in einer Villa mit Türmchen in der Via degli Angeli, die früher nach dem Thomasius-Kolleg benannt war. Ein schwarzgekleideter älterer Mann aus Cuneo war als Dolmetscher da, und ein großer, magerer älterer Deutscher mit Haaren so weiß wie Milch, der alles aufschrieb. Es gelang mir, sie von unserer Unschuld zu überzeugen.

– Wie erklären Sie sich das Ausbleiben von Repressalien?

– CARLA: Wenn sie den Toten gefunden hätten, hätten sie uns alle umgebracht.

– MICHELE: Sie hätten alle Häuser in der Umgegend niedergebrannt und mindestens zehn Leute umgebracht. Das war der Preis, zehn für einen. Vielleicht haben sie gedacht,

---

2 Der ehemalige Generalstabschef Pietro Badoglio war nach Mussolinis Verhaftung von König Viktor Emanuel III. zum Ministerpräsidenten berufen worden und hatte mit den Alliierten den am 8. September 1943 verkündeten Waffenstillstand geschlossen.

daß der Offizier geflohen war, um sich den Partisanen anzuschließen.

– Wenn es Ihnen gelingt, den Tag des Attentats genau zu
bestimmen, rufen Sie mich bitte an.

– CARLA: Es war Ende März oder Anfang April, da gibt
es nichts. Und das Pferd war weiß. Vielleicht mit ein paar
schwarzen Flecken. Aber es war mehr weiß als schwarz.

5. Januar

Heute morgen um 9 Uhr Treffen mit Giovanni, den alle
Caserio nennen, dem Jungen aus Tetto Graglia, der nach
dem Attentat von San Rocco verhaftet worden war. Benvenuto ist der «Vermittler».

– Wo haben Sie 1944 gewohnt?

– GIOVANNI: Im Piccona-Hof. Aber ich war als Hüter-
junge in Tetto Graglia bei den Giordano. Ich war halt erst
zehn Jahre alt. Die Sache ist im Frühjahr 1944 passiert. Ich
bin 1933 geboren, am 21. September, also war ich zehnein-
halb Jahre alt.

– Wie haben Sie von dem Attentat erfahren?

– GIOVANNI: Ich war auf der Weide an dem Morgen. Als
ich um 8.30 Uhr auf den Hof zurückkam, sagten sie zu mir:
«Sie haben da unten einen Deutschen erwischt.» Dann bin
ich auf einen Acker in der Nähe gegangen, zum *Camp Rus*,
um beim Sammeln der Maulbeerblätter zu helfen. Dort
habe ich Renzo Ghibaudo getroffen und zu ihm gesagt:
«Sag gleich deinem Bruder, daß er abhauen soll, denn sie
haben den Deutschen gefangen.»

– Sie haben Maulbeerbaumblätter gesammelt? Welcher
Monat war das?

– GIOVANNI: Das war zwischen dem 10. und dem
20. Juni, ich hatte schon die vierte Klasse Grundschule hinter mir.

– Wo wurde der Deutsche gefangen und wann?

– GIOVANNI: Die Mutter von Toni Giordano hat es als

einzige gesehen. Sie kam vom *Camp Rus*, wo sie den Arbeitern das Frühstück gebracht hatte. Es war ungefähr 8 Uhr, da sah sie Partisanen im Rücken des Deutschen auftauchen. Sie riefen «Hände hoch!». Wenige Meter von Tetto Graglia entfernt an der Via Bodina. Dann ist das Pferd in Richtung des Piccona-Hofes abgehauen. Dort waren zwei Reihen Wein, und das Pferd blieb stehen, um die Blätter abzufressen. Da kam die Großmutter von Battista Aime mit einem Stock, und das Pferd ist zur Kaserne zurückgaloppiert.

Nach ein paar Stunden kam ein Trupp von Deutschen. Das Getreide stand schon hoch, und sie durchkämmten die Felder, drei hier, sieben oder acht dort, bis zum Nachmittag. Gegen halb fünf Uhr kamen Maria Giordano – die Frau von Toni –, zwei Deutsche und Renzo Ghibaudo auf unser Feld. Sie haben mich gesucht. Die zwei Deutschen hatten eine Parabellum mit einem Trommelmagazin. Sie sagten zu mir: «Du heute morgen den Deutschen gesehen haben mit weißem Pferd.» «Nein, ich nichts gesehen haben.» «Geh da auf die Seite!» Dann fragten sie Beltramin: «Du, wo warst du heute morgen zwischen halb acht und halb neun Uhr?» «Ich habe hier Maulbeerblätter gesammelt.» «Geh auf die Seite.» Dann befragten sie Giuseppe Giraudo, und er hat geantwortet, daß er um halb acht in Cuneo auf dem Markt war. Ja, es war also Dienstag, denn es war Markttag. Giuseppe Giraudo haben sie nicht verhaftet.

– Wieso haben die Deutschen ausgerechnet Sie gesucht?

– GIOVANNI: Weil eine Frau von San Rocco, die am Morgen zum Heumachen nach Tetto Graglia gekommen war, mich auf dem *Camp Rus* gesehen hat, wo ich mit den anderen Blätter sammelte. Vielleicht hat sie unsere Namen genannt. Am Schluß mußten wir zu sechst mit den beiden Deutschen mitkommen: ich, Toni Giordano, Renzo Ghibaudo, Giuseppe Re, der Eisenbahner Beltramino und Matteo Merlo. Wir gingen, immer zu Fuß, am Piccona-Hof vorbei, dann haben wir in einer Osteria von San Rocco, wo ein Dutzend Deutsche waren, ein paar Minuten Halt gemacht. Schließlich erreichten wir die Kaserne.

Dort verhörten sie uns einzeln, dann gingen wir durch das ganze Kasernengelände bis zu einem großen Gebäude, wo wir in einem kleinen Raum eingesperrt wurden. Da war einer in Zivil, ein Spion, der sich als Gefangener ausgab. Wir haben das sofort kapiert, und keiner von uns hat ein Wort gesagt. Die ganze Nacht mußten wir da drin bleiben. Wir hörten die Deutschen, die laut feierten, sangen und schrieen. Dann gegen zwei oder drei Uhr morgens wurde es still. Später habe ich erfahren, daß sie die Kaserne verlassen hatten, um in der Gegend von Ceva irgendwelche Repressalien zu machen, so hieß es wenigstens.

– Waren es viele Deutsche?

– GIOVANNI: Nachmittags gegen fünf Uhr war die Kaserne voll. Es waren vielleicht fünfhundert oder auch mehr. Am Morgen gegen zehn dagegen, als sie uns endlich freiließen, war die Kaserne fast menschenleer. Man sah nur drei oder vier Deutsche in der Kaserne.

Draußen erwarteten uns die Frauen. Die Dolmetscherin, eine Frau so um die dreißig, hatte zu meiner Mutter gesagt: «Ach, Sie sind die Mutter von dem Kind mit den blauen Augen? Sie können ganz beruhigt sein, sie werden bald entlassen.»

– Wie erklären Sie sich, daß es keine Repressalien gab?

– GIOVANNI: Weil sie den Deutschen weder tot noch lebendig gefunden haben. Es hieß, die Deutschen wären ganz in die Nähe der Stelle gekommen, wo sie ihn umgebracht haben. Aber man mußte durchs Wasser, und deshalb versagte der Geruchssinn der Polizeihunde. Die Patrouille gab deshalb auf und ging nicht weiter.

– Manche sagen, sie hätten den Deutschen unten am Fluß in der Nähe der Bahnunterführung gefangen.

– GIOVANNI: Nein, sie haben ihn in der Höhe von Tetto Graglia an der Via Bodina gefangen, fünfzig Meter weiter oben oder unten.

– Haben Sie den Deutschen gesehen am Morgen des Attentats?

– GIOVANNI: Nein, ich hatte ihn drei oder vier Tage vorher gesehen. Ich erinnere mich, daß es nach der Geschichte hieß: «Normalerweise verließ er die Kaserne gegen halb zwölf, aber am Tag des Attentats kam er zwischen sechs und halb sieben Uhr. Hatte er sich mit den Partisanen verabredet? Und es sich dann doch noch anders überlegt?» Das waren Gerüchte, lauter Gerüchte bei den Leuten.

– Gerüchte gab es viele, während des Krieges und danach, deshalb ist es normal, daß die Unklarheiten zunehmen. Einige behaupten sogar, daß die Deutschen eine ganze Kavallerieschwadron bei der Suchaktion einsetzten, andere dagegen bagatellisieren die Reaktion der Deutschen. Die einen schwören, der Deutsche sei in der Nähe der Bahnunterführung gefangen worden, andere wieder sagen, in der Nähe von Tetto Graglia. Die Wahrheiten unterscheiden sich vielfach voneinander und schließen einander oft sogar aus. Vor fünf Minuten war ich noch der festen Überzeugung, daß in der Kaserne nur eine kleine Einheit von Ukrainern lag, vielleicht fünfzig Mann. Jetzt sagen Sie mir, daß die Kaserne voll war, mit vielleicht fünfhundert oder mehr Soldaten. Sie sind der einzige, der es wirklich gesehen hat, Sie sind als einziger in der Kaserne drinnen gewesen, deshalb glaube ich Ihnen. Wie aber steht es mit dem Ausbleiben der Repressalien? Und warum haben die Deutschen nach einem oder zwei Tagen ihre Suche aufgegeben? Am Tag nach dem Attentat war die Kaserne halbleer. Ist es nicht merkwürdig, daß man die fünfhundert oder mehr Soldaten nach Ceva oder wer weiß wohin geschickt hat, während die Lage in San Rocco und Umgebung gefährlicher denn je war? Jetzt gehen wir zu den Aime, und ich hoffe, daß aus der Gegenüberstellung mit ihnen etwas Brauchbares herauskommt. Es wäre schon sehr viel, wenn Sie den Tag des Attentats genau bestimmen oder mir wenigstens bestätigen könnten, daß es Juni war.

Um halb zwölf Uhr erreiche ich mit Giovanni das Haus der Aime, eine Villa an der Via Bodina, hinter der der alte Piccona-Hof liegt. Der Zufall will, daß Maria und Battista Aime am Tor stehen, als hätten sie uns erwartet. Sie begrüßen uns sehr herzlich.

Schon nach der ersten Erwähnung der Geschichte des verschwundenen Deutschen entwickelt sich eine lebhafte Diskussion. Maria merkt gleich, daß sich die Sache in die Länge ziehen wird, und besteht darauf, daß wir ins Haus gehen. Aber niemand hört auf sie, so sehr sind wir in die Sache vertieft, und wir bleiben mindestens eine halbe Stunde draußen stehen.

– MARIA AIME: Am Tag des Attentats warst du in den Kirschen, Battista.

– BATTISTA AIME: Ich erinnere mich, daß das Getreide schon Ähren angesetzt hatte, also war es Ende Mai.

– MARIA AIME: Du hast immer gesagt, du warst in den Kirschen, du hast die Leiter umgeworfen.

– BATTISTA AIME: Ach ja, es war Juni, die Kirschen waren reif, und die Ähren standen schon hoch. Der Deutsche machte schon eine ganze Weile seine Ausritte, schon im Mai kam er hierher. Hier waren zwei Reihen amerikanischer Reben, und das Pferd, dieser Sapperlott von einem weißen Gaul, kam her und fraß die Weinblüten ab. Meine Großmutter verjagte es, und dann ist es in die Kaserne galoppiert. Der Deutsche mit dem weißen Pferd war vielleicht ein Oberst. Sie haben ihn ganz in der Nähe bei Tetto Graglia gefangen. Du, Giovanni, warst mit Toni und Beltramin beim Maulbeerblättersammeln, als die Deutschen kamen. Sie zwangen euch, herunterzukommen und mit ihnen hier am Piccona-Hof vorbeizugehen.

– GIOVANNI: Wir waren beim Blättersammeln. Sie haben uns am Nachmittag verhaftet. Ich kann mich aber nicht erinnern, daß wir hier auf der Via Bodina entlanggegangen sind.

– BATTISTA AIME: Doch, doch, ihr seid genau hier vorbeigekommen, wo wir jetzt stehen. Es war am Tag nach dem Attentat auf den Deutschen.

— GIOVANNI: Nein, es war am Tag des Attentats selbst, am Nachmittag. Am Morgen hatte deine Großmutter das Pferd mit einem Stock fortgejagt.

— BATTISTA AIME: Nein, nein, ich bin ganz sicher, daß sie am Tag darauf gekommen sind. Weil ich am Morgen des Attentats mit meinem Vater unten am Gesso auf den Streuwiesen Heu machte und wir die vier oder fünf Partisanen mit dem Deutschen vorbeikommen sahen. Ich erinnere mich, daß sie sagten «Nichts, nichts, seid ruhig, arbeitet weiter.» Sie krempelten sich die Hosen hoch, um den Flußarm zu durchqueren, dann stiegen sie auf der anderen Seite im Gebüsch in Richtung Borgo hinauf. Sie hatten vielleicht ein paar hundert Meter zurückgelegt, als wir Schüsse hörten, eine ganze Salve. Dann war alles still.

— Wieviel Uhr war es?

— BATTISTA AIME: Es war vielleicht halb elf. Aber dich Giovanni, und Toni, Beltramin, Renzo und den Vater von Benvenuto, Giuseppe Re, verhafteten sie einen Tag später. Es war Nachmittag, und sobald man wußte, daß eine Suchaktion vor der Tür stand, flohen die Männer in alle Himmelsrichtungen. Mein armer Vater kroch zwischen die Heuballen, wo wir ein Versteck vorbereitet hatten. Ich war in den Kirschen. Ich habe der Leiter einen Tritt gegeben und bin mäuschenstill da oben sitzen geblieben. Bei uns haben sie niemand verhaftet. Ich sah sie vorbeikommen und dachte mir: «Du lieber Himmel, sie haben auch Giovanni. Dann werden sie auch mich verhaften.» Da versetzte ich der Leiter einen Tritt, im hohen Gras war sie nicht mehr zu sehen. Die Deutschen suchten schon seit dem Tag vorher. Eine Frau aus San Rocco muß etwas gesagt haben, deshalb sind sie gekommen, um euch ganz gezielt zu verhaften.

— GIOVANNI: Erinnerst du dich nicht an das Datum?

— BATTISTA AIME: Ja, das Datum. Es war zwischen dem 15. und dem 20. Juni.

– GIOVANNI:Wir gingen schon nicht mehr in die Schule.

– BATTISTA AIME: Du bist 1933 geboren, ich 32. Das Schuljahr war schon zu Ende.

– Giovanni erinnert sich, den Deutschen von ferne gesehen zu haben, konnte ihn mir aber nicht beschreiben.Wie oft haben Sie ihn vorbeireiten sehen?

– BATTISTA AIME: Fünf- oder sechsmal, vielleicht auch öfter. Dann habe ich ihn auch mit den Partisanen gesehen, nachdem sie ihn gefangen hatten.

– Wie sah er Ihrer Erinnerung nach aus?

– BATTISTA AIME: Oh, er war blond, ein athletischer Typ. Er war jung, groß und sah vornehm aus. Er war 23, 24, höchstens 25 Jahre alt. Manchmal grüßte er, deutete mit der Hand einen Gruß an. Er hatte so ein schönes weißes Pferd, daß ich es mir heute allein wegen seiner Schönheit hielte. Er kam die Straße herauf und verschwand dann in den Getreidefeldern.

– MARIA AIME:Warum rufst du nicht deine Mutter?Vielleicht weiß sie etwas. Sie hat noch ein gutes Gedächtnis.

(Battistas Mutter Anna kommt, eine sehr sympathische Frau von 82 Jahren, die ganz gerührt Giovanni umarmt.)

– BATTISTA AIME: Meine Mutter weiß das Jahr nicht.

– ANNA AIME: Ich weiß, daß es der 14. Juni war, aber das Jahr weiß ich nicht mehr.

– Das Jahr ist nicht wichtig. Aber warum wissen Sie, daß es der 14. Juni war?

– ANNA AIME: Ich habe es mir auf dem Kalender angekreuzt. So wie sie Giovanni verhaftet haben, hätten sie auch meinen Sohn mitnehmen können. Ich war mit der Mutter von Giovanni gut befreundet. Sie war an dem Tag auf dem Markt in Cuneo.

– GIOVANNI: Meine Mutter und Anna weinten. Sie hatten Angst, daß ich nicht wiederkommen würde.

– ANNA AIME: Der Krieg ... In solchen Augenblicken war der Krieg auch bei uns.

6. Januar

Ich treffe Luciano Ballotto im Istituto Storico della Resistenza in Cuneo e Provincia (Institut zur Geschichte des Widerstandes in der Stadt und der Provinz Cuneo) und bitte ihn, mir zu helfen. Er konsultiert den *Immerwährenden Kalender von 1801 bis 2099* und bestätigt mir, daß der 14. Juni 1944 tatsächlich ein Dienstag war. Markttag. Anna Aime ist wirklich großartig!

7. Januar

Ich greife sofort jeden Hinweis Benvenutos auf, der jetzt aktiver denn je als «Vermittler» arbeitet. Er hat die letzten Interviews mit Zeugen möglich gemacht. Gestern hat er mich zu Umberto Ghibaudo gebracht, dem Bruder von Renzo, einem der sechs Verhafteten nach dem Attentat von San Rocco.

– Sie wohnten in der Nähe von Tetto Graglia. Waren Sie am Tag des Attentats zu Hause?

– UMBERTO: An dem Morgen, an dem der Hauptmann gefangen wurde, waren wir gerade im Maisfeld bei der Arbeit, es war ungefähr Mitte Juni. Gegen sieben Uhr war ich zum *Cambio* gegangen, zum Schmied, um die Messer für die Hacken abzuholen. Ich kam gerade nach Hause, da traf ich Caserio. Der sagte zu mir: «Gerade haben vier *paiö*[3] den Hauptmann weggebracht, der immer vorbeiritt.» «Hast du sie denn gesehen?» fragte ich ihn. «Nein», sagte er, «meine Bäuerin hat sie gesehen.»

– Wieviel Uhr war es ungefähr?

– UMBERTO: Es war noch ziemlich früh, vielleicht acht oder neun Uhr. Wie ich zu Hause war, habe ich mit meiner Familie darüber gesprochen. Gegen 10 Uhr suchten die Deutschen schon die Via Bodina in alle Richtungen ab, da

[3] Piemontesisch: Männer mit Strohhüten; typisches Erscheinungsbild zur Dreschzeit.

war ein Durcheinander! Inzwischen traf eine Frau aus San Rocco, die in unserer Nähe immer zum Grasmähen kam, meinen Bruder Renzo und fragte ihn: «Warum rennen die Deutschen hier herum?» «Man hat den Deutschen gefangen, der jeden Morgen einen Ausritt machte.» Damit war vorläufig alles vorbei. Aber die Frau ist dann nach San Rocco gegangen und hat ausgesagt.

Am Nachmittag, so gegen halb vier Uhr, kam eine deutsche Patrouille zu uns nach Hause, «um Lorenzo Ghibaudo abzuholen, der heute morgen mit dieser Frau gesprochen hat». Wir waren auf dem Feld, hatten kurze Hosen und Unterhemden an und waren barfuß. Es war sehr heiß. Renzo hatte meinen Vater, Gott hab' ihn selig, schon dauernd gedrängt: «Komm, laß uns vespern, laß uns vespern!» Er hatte dauernd Hunger, und seine Hauptarbeit bestand im Essen. Meine Mutter rief von zu Hause aus laut nach Renzo, und er dachte, die Vesper sei fertig. Aber wie er zu Hause ankam, waren die Deutschen da, um ihn in Empfang zu nehmen. «Von wem haben Sie die Nachricht bekommen?» «Von Caserio.» «Also gehen wir zu Caserio.» Wir wohnten an der Via Bodina, wir waren die Halbpächter der Meinardi. Die Deutschen nahmen meinen Bruder mit und gingen nach Tetto Graglia zu Caserio. Nach wenigen Schritten flog von dem Metallzaun an der Straße ein Spatz oder eine Amsel auf. Brr. Wie die Deutschen das Geräusch hörten, bekamen sie es sofort mit der Angst und schossen um sich. [...] Dann kamen sie nach Tetto Graglia, wo sie Caserio und alle anderen, die Maulbeerblätter gesammelt hatten, abholten: Toni Giordano, Beltramin, Matteo und Giuseppe Re, den Vater von Benvenuto.

– Haben Sie den Deutschen manchmal vorbeireiten sehen?

– UMBERTO: Nein, denn er kam früh am Morgen, so gegen sechs Uhr. Meine Mutter hat ihn immer gesehen. Sie sagte zu mir: «Jeden Morgen kommt er auf dem ungesattelten Pferd vorbei, ohne Waffen, ohne alles.»

– Woher wußte man, daß es ein deutscher Hauptmann war?

– UMBERTO: Wenn wir miteinander über ihn sprachen, sagten wir: «Ja, der deutsche Hauptmann.» [...]

– Sie müssen mir helfen, ein Problem zu lösen. Wurden Renzo und die anderen am Tag des Attentats verhaftet oder am Tag danach?

– UMBERTO: Noch am selben Tag, am selben Tag.

– Können Sie sich an Einzelheiten der Verhaftung Ihres Bruders Renzo erinnern?

– UMBERTO: An fast nichts. Ich habe ihn nicht gesehen, als sie ihn wegbrachten, ich war auf dem Feld. Ich habe ihn am nächsten Tag gesehen, nach seiner Freilassung. Ich war fast noch ein Kind, ich war dreizehn. Ich erinnere mich, daß alle schimpften: «wenn diese Partisanen doch bloß in den Bergen bleiben würden ... Ja natürlich ist Krieg. Aber was müssen sie hier herunter kommen und einen Hauptmann umbringen. Am Ende bringen die Deutschen aus Rache unsere Väter, Mütter und Brüder um.» Wir waren vier Brüder, einer davon war im Stura-Tal bei den Partisanen. Wir waren Freunde der Partisanen, aber wir hatten Angst vor den Repressalien. [...]

17. Januar

M. A., geboren 1925, war von Herbst 1943 bis zum 25. April 1945 als Dolmetscher bei der Militärkommandantur Cuneo beschäftigt. Damals war er fast noch ein Junge. Er hatte diese Tätigkeit angenommen, um der Organisation Todt zu entgehen.

Es war nicht schwierig, ihn zu einem Interview zu bekommen. Ich wandte mich an A. B., einen Bekannten von ihm, der damals auch Dolmetscher bei der Militärkommandantur gewesen war und später mit den Partisanen zusammenarbeitete. Er half mir, den Kontakt zu knüpfen. Einen Tag später kam M. A. schon zu mir und war mit der Offenheit eines Menschen, der nichts zu verbergen hat, bereit, alles, was er wußte, zu erzählen. Ohne jede Scheu vor dem Aufnahmegerät antwortete er drei Stunden lang auf meine Fragen. Am Ende hatte er auch nichts dagegen, daß ich seinen Namen nenne.

– M. A.: Ich war nicht wehrpflichtig, aber es war trotzdem schwierig für mich. Die Organisation Todt hatte gerade mit dem Rekrutieren begonnen, und um ihr zu entkommen, nahm ich die Stelle als Telephonist und Dolmetscher bei der Militärkommandantur an, die im Gebäude der Josephinen am Corso Garibaldi untergebracht war. Dort hat man mich bei der Telephonvermittlung angelernt, und ich fing dort zu arbeiten an. [...] Dann wurde ich in die Pagliano-Kaserne versetzt, in der Nähe des Bezirkskommandos. Dort war ein Militärdepot, dort bin ich bis zum April 45 geblieben.

– Haben Sie nie von dem Deutschen, Russen oder Polen gehört, der von der Kaserne von San Rocco jeden Morgen einen Ausritt machte und schließlich verschwand?

– M. A.: Der Kommandant des Depots war ein Hauptmann, ein Stabszahlmeister: er hieß Guller oder Gullert, Albert Gullert. Er war mit einem Offizier, vielleicht einem Leutnant in der Kaserne San Rocco befreundet. Dieser Leutnant kam manchmal zu Pferd, um Gullert zu besuchen. Und manchmal fuhr ich mit Gullert auf dem Rad zur Kaserne von San Rocco. Wir kamen in die Kaserne, und auf der Rechten stand ein großes Gebäude mit dem roten Kreuz auf dem Dach. Dort traf Gullert seinen Freund, der vielleicht Arzt war.

– Ein rotes Kreuz auf dem Dach. Gab es ein Lazarett oder eine Krankenstation in der Kaserne von San Rocco?

– M. A.: Es gab ein Lazarett. Ich habe Verwundete mit verbundenem Kopf und mit Krücken vorbeikommen sehen. Vor dem Gebäude, wo der Leutnant sein Büro hatte, stand immer das Pferd mit dem braunen Fell, das ich schon kannte.

– Fuhren Sie oft nach San Rocco?

– M.A.: Wir sind mehrmals hingefahren. Gullert schenkte dem Arzt einige Sachen aus dem Magazin, Decken, Kissen, Bettücher, und er bekam dafür Zigaretten, Schnaps und Kaffee. Das gab es im Lazarett im Überfluß. Sie waren sehr befreundet, vielleicht kamen sie aus der gleichen Gegend. Gullert war Preuße.

– Wie alt war dieser Sanitätsoffizier?

– M. A.: Fünfunddreißig. Ein gutaussehender Mann, groß, schlank. Er war sehr freundlich.

– Wann war das?

– M. A.: Es war im späten Frühjahr 1944, weil Gullert dann auf einen anderen Posten versetzt wurde.

– Beschreiben Sie mir die Uniform des Sanitätsoffiziers.

– M.A.: Die deutsche Uniform. Sie hatte auf den silbernen Kragenspiegeln so etwas wie zwei römische Einser. Die Sanitätsabteilung gehörte also zur 2. Panzerdivision.[4]

– Hat Gullert Ihnen gegenüber nie erwähnt, daß der Sanitätsoffizier dann verschwunden war?

– M. A.: Ich erinnere mich vage, daß er mir eines Tages sagte, der Offizier sei nicht mehr da. Es hieß dann, er sei in die Berge gegangen.

– Haben Sie in der Kaserne von San Rocco nur Deutsche oder auch Russen gesehen?

– M.A.: Auch Russen. Manchmal habe ich versucht, mit einem der Soldaten zu reden, und bekam als Antwort: «Nje panimaju», «Ich verstehe nicht».

– Trugen die Russen eine Khaki-Uniform?

– M. A.: Sie hatten die gleiche Uniform wie die Deutschen, grau.

– Wie war die Moral bei den Deutschen?

– M.A.: 44 und dann in den ersten Monaten 45 war die Moral schon gleich null. Viele Deutsche fragten sich, wie es weitergehen würde. Auch ich habe mir diese Frage immer

4 Wie sich später herausstellte, hatten die «zwei römischen Einser» eine andere Bedeutung (vgl. 7. Mai 1990).

wieder gestellt, und ich machte mir Sorgen um meine Zukunft. Eines Tages fragte mich Gullert: «Wie könnt ihr euch
nach dem Krieg wieder versöhnen? Ihr Italiener seid so
verfeindet.»

26. Januar

Ich betrachte die Nachforschungen in San Rocco als abgeschlossen. Durch Anna Aime kann ich nach Jahren der Arbeit das Datum des 14. Juni als einen der wenigen Fixpunkte
festhalten. Je mehr Augenzeugen ich befrage, desto größer
wird die Verwirrung.

In den letzten Tagen habe ich mir noch weitere interessante Versionen angehört, die aber überhaupt nicht zu-
sammenpassen. Einige erinnern sich an Suchaktionen und
Schießereien, andere wieder spielen die Reaktion der
Deutschen soweit herunter, als ob es sich überhaupt nur um
hastige, völlig oberflächliche Nachforschungen gehandelt
habe. Auch der Ort des Attentats ist wieder umstritten. Und
Battista Aime behauptet, daß die Verhaftungen am Tag danach stattfanden.

Ich werde Christoph mitteilen, was ich von M. A. erfahren habe, obwohl ich nicht recht daran glauben kann, daß der
Sanitätsoffizier mein «Vermißter» sein soll. Ich bin mehr denn
je davon überzeugt, daß die Wahrheit in den Bergen von
Dokumenten der deutschen Archive in Freiburg, Berlin und
Koblenz verborgen liegt. Oder vielleicht jenseits der Mauer,
in der DDR. Jetzt kann ich nur noch auf ein Wunder hoffen.

3. März

Christoph ist in Cuneo. Gestern abend hat er im Rathaus-
saal sein Buch *L'attesa* (*Das Warten*) vorgestellt. Ein Anlaß,
die Internierung italienischer Soldaten in den Lagern der
Nazis würdig ins Gedächtnis zu rufen.

Christoph ist heute morgen nach Bologna weitergefahren, um Gigina zu treffen, von der in seinem Buch *L'attesa* die Rede ist. Dann fährt er über Rom nach Athen.

28. April

In Begleitung von Michele[5] besuche ich das Staatsarchiv, um endlich die Direktorin Elia Vaira kennenzulernen. Als wir uns nach einem sehr freundschaftlichen Gespräch gerade verabschieden wollen, erfahren wir, daß das Archiv einige wenige amtliche Akten über die deutsche Besatzungszeit besitzt. Wir beschließen, sie gleich zu studieren. Nichts von Interesse, bis Michele schließlich in einem Verwaltungsvorgang einen genauen Hinweis auf das Ost-Bataillon 617 findet, das im Mai 1944 ganz oder teilweise in Cuneo stationiert war.

Wir sind ganz aufgeregt. Endlich haben wir eine genaue Angabe in der Hand, die unsere Nachforschungen in den deutschen Archiven erleichtern kann.

Dann machen wir uns Gedanken über den Inhalt der Dokumente. Das Ost-Bataillon 617 muß ziemlich armselig ausgestattet und in schlechter Verfassung gewesen sein, wenn die Militärkommandantur 1020 am 12. Mai 1944 (Oberst Seeger) sich gezwungen sah, beim Präfekten von Cuneo «für acht Tage ein Zivilfahrzeug (Fiat 1500 mit der Nummer CN 8401)», zu erbetteln, «weil das Fahrzeug des Stabes des Ost-Bataillons 617 in Reparatur ist.»

2. Mai

Obwohl ich beschlossen hatte, keine weiteren Zeugenaussagen zu sammeln, habe ich heute morgen die Eheleute T.

5 Michele Calandri, Direktor des Istituto Storico della Resistenza in Cuneo e provincia (Institut zur Geschichte des Widerstandes in der Stadt und der Provinz Cuneo), Autor verschiedener Studien, darunter *Fascismo 1943–1945. I notiziari della G. N. R da Cuneo a Mussolini.* Cuneo 1979 (Der Faschismus 1943–1945. Die Meldungen der Guardia Nazionale Repubblicana von Cuneo an Mussolini).

aufgesucht, die 1944 in der Nähe der Kaserne von San Rocco wohnten. Er erinnerte sich an so gut wie nichts, sie brachte die Zeit völliger Ungewißheit nach der Kapitulation am 8. September 1943 und die Tage nach der Befreiung am 25. April 1945 durcheinander.

Es ist immer die gleiche Geschichte. Wer nicht gelitten hat, wer es nicht am eigenen Leib erfahren hat, sagt mir höchstens, die Deutschen seien «gar nicht so schlecht gewesen, wie sie getan haben».

7. Mai

Nachrichten von Christoph aus Bremen. Er ist gerade aus Griechenland zurückgekommen, wo er vielleicht im August wieder hinfahren will. «Vorher aber werde ich nach Cuneo kommen, um Euch zu sehen und mit Euch zu sprechen.»

Während seiner Abwesenheit hat er zwei Briefe erhalten, deren Kopien er mir schickt: einen von der Deutschen Dienststelle in Berlin und den anderen vom Militärarchiv Freiburg.

Aus Berlin hat man ihm mit Datum vom 15. März folgendes geschrieben:

«Die uns in Ihrem Schreiben vom 2.3.1990 übermittelten Personalien des ehemaligen Oberzahlmeisters Alfred Gullert reichen leider nicht aus, um die Ermittlungen in dem hier vorhandenen Wehrmachtsschriftgut anzustellen.

In unserer ca. 23 000 000 Personalkarten umfassenden Zentralkartei konnte ein Oberzahlmeister Gullert, der der 2. Pz. Div. angehört haben soll, nicht ermittelt werden.

Sollten Sie vom Militärarchiv in Freiburg zusätzliche Angaben zur Person des Genannten erfahren, bitten wir um Mitteilung, damit wir dann erneut versuchen können, etwas über seinen Verbleib festzustellen.

Wir bedauern, auch heute keinen anderen Bescheid

geben zu können. Mit freundlichen Grüßen. Im Auftrag Daniel.»

Aus Freiburg hat Christoph mit Datum 20. März einen Brief mit einer Reihe von Angaben und zwei Karten erhalten, auf denen die am 3. Juni 1944 in Norditalien stationierten Einheiten eingezeichnet waren. Außerdem lagen einige Photographien der Uniformen und Kragenspiegel bei.

Hier einige Auszüge des Briefes aus Freiburg: «[...] Die zusätzlichen Angaben des Dolmetschers[6] führen leider nicht weiter. Was er für eine römische II gehalten und als das Zeichen einer 2. Panzerdivision interpretiert hat, war das Rangklassenabzeichen auf dem Kragenspiegel, das einer römischen II allerdings sehr ähnlich sieht [...]. Die 2. Pz.Div. des Heeres war um diese Zeit (Juni 1944) im Raum Amiens stationiert, die 2. SS-Pz.Div. im Raum Toulouse; Divisionen wurden zudem immer mit arabischer Zahl geschrieben; die römische Zahl war Bataillonen oder aber Armeekorps vorbehalten, erschien indessen nicht auf den Kragenspiegeln. [...]

Einen Hinweis, der über Militär- und Platzkommandantur hinausführt, gibt nur die in Kopie anliegende Arbeitskarte der Operations-Abt./Wehrmachtführungsstab vom 3. 6. 1944, nach der in Cuneo zu dieser Zeit als Sicherungstruppe das II. Btl./Sicherungs-Rgt. 199 und in Dronero das Ost-Btl. 263 lag, ferner in Pinerolo das Sicherungs-Rgt. 38. Kriegstagebücher oder Akten sind von keinem dieser Truppenteile überliefert; wohl aber könnten die Nachforschungen bei der WASt[7] jetzt eher zum Erfolg führen. Bemerkt sei, daß das Sicherungs-Rgt. 199 an sich im Raum Marseille stationiert war und das II. Btl. wohl nur nach Italien ‹ausgeliehen› hatte [...]. Mit freundlichen Grüßen. Im Auftrag Meyer.»

Christoph, der mit den Briefen aus Berlin und Freiburg sehr zufrieden ist, kommt zu der Schlußfolgerung:

---

6 M. A., der ehemalige Dolmetscher der Militärkommandantur Cuneo; vgl. unter dem 17. Januar 1990.   7 Vgl. 30. Januar 1988.

«Ich habe noch einmal nach Berlin geschrieben und eine Kopie des Briefes aus Freiburg beigelegt. Hoffentlich finden sie dort etwas. Du wirst sehen, wenn wir immer wieder nachbohren, werden wir schon zu Ergebnissen kommen.»

Abends teile ich Christoph telephonisch meine Entdeckung mit, daß das Ost-Bataillon 617 im Mai in Cuneo stationiert war.

8. Mai

Ein Brief von Gerhard Schreiber an Michele, der sich mehr denn je für die Zeit der deutschen Besatzung unserer Gegend interessiert. Schreiber schickt ihm einige Dokumente der Militärkommandantur aus Freiburg, aber nichts über die in Cuneo und Umgebung stationierten Einheiten. «Wahrscheinlich wird es unmöglich sein, detaillierte Angaben über den deutschen Offizier zu bekommen», meint Schreiber, den ich nie mehr persönlich gesprochen habe. «Sie werden sicher wissen, daß auch N. Revelli über Schminck-Gustavus in dieser Richtung forscht. Wir verfügen aber nicht über das Material, um eine befriedigende Auskunft geben zu können.»

Michele hat Schreiber gleich heute auf den Brief geantwortet und ihm mitgeteilt, daß – wie wir aus einem Dokument der Präfektur im Staatsarchiv wissen – im Mai 1944 «in Cuneo ein Ost-Bataillon 617 stationiert war, das mit dem deutschen Offizier zu tun haben könnte».

10. Juni

Ich schreibe an Christoph und erinnere ihn daran, daß für uns vor genau fünfzig Jahren der Zweite Weltkrieg begonnen hat. Unsere Gegend war übervoll von Soldaten, denen es nicht einmal gelang, den Alpenkamm zu erreichen, so groß war das Durcheinander von Menschen, Maultieren und Fahrzeugen, die auf den völlig verstopften Straßen talaufwärts oder -abwärts fuhren oder haltmachten. Heftiger Schneeregen machte den ersten Ernstfall für unser Heer – das nicht aus kampferprobten Soldaten, sondern aus Bauern in Uniform bestand – besonders dramatisch.

«Fünfzig Jahre nach Kriegsbeginn sitze ich hier zwischen meinen Büchern und Papieren mit dem Krieg im Kopf. Ich bin verrückt, Christoph. Ich quäle mich selbst und zermartere mein Gehirn wegen einer winzigen Episode um einen ‹vermißten› Deutschen. Und was noch schlimmer (oder besser) ist: Ich habe auch Dich in meine unmögliche Suche mit hineingezogen. Ich danke Dir für die Nachrichten aus Berlin und Freiburg. Wer weiß, ob aus den weiteren Nachforschungen nicht doch noch etwas Entscheidendes herauskommt.»

3. Juli

Ein Brief von Christoph aus Bremen.

«[...] Du darfst den Mut nicht verlieren, wir werden ihn ganz gewiß finden. Ich bin ganz sicher, obwohl ich vor kurzem einen weiteren Brief von der Deutschen Dienststelle bekommen habe, die mir schreibt, daß das Militärarchiv Freiburg trotz der neuen Angaben nicht in der Lage ist, Gullert zu finden. Sie haben nichts gefunden, obwohl sie, so habe ich den Eindruck, sich wirklich ernsthaft bemüht haben. [...]

In der letzten Woche war ich in Berlin, wo ich sieben Jahre lang gelebt habe. Zur Zeit ist hier ein unglaublicher Prozeß im Gange, eine Art allgemeiner Anarchie, in der alle möglichen Haie an die Oberfläche kommen. Die Menschen sind über die Vorgänge, die sie beobachten, teils frustriert, teils beunruhigt. Ich bin auf einer behelfsmäßigen Leiter über die Mauer geklettert, mit dem Fahrrad habe ich endlose Touren entlang dem ‹Todesstreifen› gemacht, denn da gibt es eine gute – wenn auch schmale – asphaltierte Straße für die Militärfahrzeuge. Es ist ein merkwürdiges

Gefühl, da so seelenruhig entlang zu radeln, wo in all den Jahren so viel Schreckliches passiert ist. Mit meinem kleinen Patensohn bin ich sogar auf einen der Wachtürme geklettert. Ich habe den beschmierten Grabstein von Brecht gesehen; auf dem Stein stand ‹Saujud› und ‹Juden raus›. Von einem Fenster der ehemaligen Wohnung Brechts, dem heutigen Brecht-Archiv, sieht man ein Schriftband aus Plastik mit der Aufschrift ‹Sicher sozial frei CDU›. Ich fürchte, es wird schlimm, wenn es so weitergeht. Vielleicht bin ich zu skeptisch, aber dieses neue Deutschland erscheint mir manchmal zu ‹groß› [...].»

15. Juli

Schreiber teilt Michele mit, daß im Militärarchiv Freiburg kein Dokument über das Ost-Bataillon 617 zu finden ist. Er empfiehlt, sich an die Deutsche Dienststelle (WASt) in Berlin zu wenden. «Vielleicht ist dort etwas zu finden, aber Sie müssen bedenken, daß das meiste Material über die Ost-Bataillone nach der deutschen Kapitulation von den Russen weggeschafft worden ist.»

20. September

Vor drei Jahren habe ich erfahren, daß einer der angeblich am Attentat von San Rocco Beteiligten in der Nähe von Turin lebt und daß sein Deckname Renzo gewesen war. Gestern habe ich ihn getroffen, und die Situation war zunächst durch gegenseitiges Mißtrauen belastet. Ich war davon überzeugt, daß mein Gegenüber zu den «Versprengten» gehört hatte, zu jenen unberechenbaren Gruppierungen am Rande unserer Partisanenformationen. Er dagegen glaubte, ich sei der ehemalige Kommandant, der in allem recht zu haben meinte.

Hier eine Zusammenfassung des Gesprächs:

– Wann war die Geschichte von San Rocco?

– RENZO: Ich kann mich nicht erinnern.

– War das Getreide schon reif? Lag noch Schnee? Wir müssen einen konkreten Hinweis finden, sonst tappen wir weiter im Dunkeln.

– RENZO: Es lag kein Schnee. Vielleicht war es September. Es hatte eine «Säuberung» gegeben, und wir hatten uns in alle Richtungen zerstreut. Wir hatten uns ins untere Vermenagna-Tal geflüchtet, weil weiter oben zu viele Deutsche waren.

– An dem Morgen ist Ihre Gruppe ganz ins Tal hinuntergestiegen, wo auch nicht gerade wenige Deutsche waren.

– RENZO: An dem Morgen kamen wir bis zur Crocetta, weil ein Treffen mit dem Tabakkurier für Cuneo vereinbart war. Plötzlich sind wir auf den Deutschen gestoßen, und da konnten wir gar nicht anders, als ihn gefangenzunehmen.

– War es also gar kein geplantes Attentat?

– RENZO: Nein, wir sind zufällig auf ihn gestoßen. Das sieht man schon allein daran, daß wir gar nicht wußten, was wir mit ihm anfangen sollten, ob wir ihn freilassen oder mitnehmen sollten. Aber wo hätten wir ihn hinbringen können? Ihn mit hinauf zu schleppen, war nicht so einfach. Wir mußten an Borgo vorbei und dann das Tal hinaufsteigen. Überall waren Deutsche und Faschisten, überall Spione. Und es war am hellichten Tag.

– Sie sprechen davon, als wäre es September gewesen. Soviel ich aber weiß, hat sich das Ganze im Juni abgespielt. Sprechen wir von derselben Begebenheit?

– RENZO: Ich spreche von einem Deutschen, der aus San Rocco kam und auf der alten Straße von Borgo entlangritt. Andrea hat ihn als erster gesehen und Alarm gegeben. Sofort, als er den Deutschen auf der Tenne eines Bauernhofes sah, schrie er «Hände hoch!».

– Wo liegt der Hof? Ich helfe Ihnen mit einer Zeichnung auf die Sprünge. Dies ist die Kaserne von San Rocco, hier die Staatsstraße Cuneo–Borgo, hier die Gabelung der Crocetta, wo die alte Straße nach Borgo, die vom Martinetto, ausgeht. Soweit ich weiß, hat das Attentat an dieser Stelle stattgefunden, in der Nähe von Tetto Graglia.

– RENZO: Nein, der Hof, von dem ich spreche, liegt in der Nähe einer kleinen Kirche oben am Hang. Es ist ein Hof, der mit einer Ziegelmauer umgeben ist.

– Sie haben mir gesagt, daß der Deutsche auf der Tenne eines Hofes stand. Wie konnte Andrea ihn hinter der Hofmauer sehen?

– RENZO: Das Tor war auf, und Andrea sah den Deutschen dort wenige Meter vor sich stehen. Er schrie: «Hände hoch!», und wir sind hingerannt.

– Wieviele waren Sie?

– RENZO: Fünf oder sechs: Andrea, Arturo, Vittorio ...

– Wie waren Sie bewaffnet?

– RENZO: Drei hatten eine Sten, die anderen einen Karabiner.

– Wie hat der Deutsche reagiert? Hat er versucht, sich zu verteidigen?

– RENZO: Nein, er war wie versteinert. Er hatte Andrea vor sich, der mit der Sten auf ihn zielte, und wir hatten ihn umringt. Ich habe ihm die Pistole abgenommen. Dann zwangen wir ihn, vom Pferd zu steigen, aber schnell, denn wir hatten keine Zeit zu verlieren.

– Die Bauern auf dem Hof haben Sie sicher schreien hören. Waren sie dabei?

– RENZO: Niemand hat sich blicken lassen. Entweder war der Hof unbewohnt, oder die Bewohner haben sich eingeschlossen oder waren auf dem Feld.

– Und wenn in dem Hof andere Deutsche gewesen wären? Die hätten Sie doch sofort niedergeschossen?

– RENZO: Zwanzig ist man nur einmal. Außerdem hatten wir keine andere Wahl.

– Warum haben Sie das Pferd nicht festgehalten?

– RENZO: Es ist gestiegen und hat gescheut. Dann ist es durch das Tor davongaloppiert. Ich glaube, daß der Deutsche beim Absteigen dem Pferd einen Tritt mit den Sporen versetzen konnte, um Verwirrung zu stiften und Zeit zu gewinnen.

— Was ist dann geschehen?

— RENZO: Andrea nahm die Situation in die Hand. Wichtig war vor allem, so schnell wie möglich wegzukommen. Wir rannten die Böschung hinunter durch die Felder zum Fluß.

— Durch die Felder … Können Sie sich wirklich nicht daran erinnern, ob das Getreide hoch stand, ob es reif war?

— RENZO: Nein, ich kann mich wirklich nicht erinnern. Lassen Sie mir ein bißchen Zeit. Ich weiß, wen ich fragen muß, um Klarheit zu gewinnen.

— Wenden Sie sich an Vittorio? Ich weiß, daß er in Turin lebt und daß Sie sich ab und an treffen.

— RENZO: Ich hätte gewollt, daß Vittorio hier bei uns ist. Aber er ist vorsichtiger als ich, er will nichts sagen. Vielleicht hat er recht, denn die Zeiten sind schlecht, und allzu viele Leute wissen nichts oder erinnern sich an nichts und geben immer einfach den Partisanen die Schuld. Und was war mit den Deutschen und mit den Faschisten? Die waren wirklich brutal. Sie haben viele von uns gefangen und umgebracht.

— Das brauchen Sie mir nicht zu sagen. Ich habe die Deutschen und die Faschisten kennengelernt, und ich urteile nach dem, was ich erlebt habe. Ich kann die Vorsicht Vittorios verstehen und respektiere sie. Ich bitte Sie aber, ihm zu sagen, daß ich nicht hier bin, um Ihnen den Prozeß zu machen, sondern um einige Wahrheiten ans Licht zu bringen, die nicht verborgen bleiben dürfen. Sie wissen, wie schwer es für mich war, Sie ausfindig zu machen und Sie zum Reden zu bringen. Glauben Sie mir, es war die Mühe wert. Bis gestern habe ich sehr hart über die Attentäter geurteilt, ich war der Meinung, es waren «Versprengte», die immer nur Schwierigkeiten machten. Ich sagte mir: «Wie kann man nur so dumm sein. Tagelang einem Deutschen auflauern, um ihn dann umzubringen und einfach liegenzulassen.» Nie wäre ich darauf gekommen, wie es sich wirklich zugetragen hat. Sie haben mir gesagt, daß Sie das Pferd nicht halten konnten ...

– RENZO: Als das Pferd verschwunden war, fürchteten wir sofort, daß seine Rückkehr in der Kaserne Alarm auslösen würde. Wir dachten: «Jetzt haben wir gleich die Deutschen auf dem Hals.» Und nichts wie weg.

– Können Sie mir den Deutschen beschreiben? War er jung?

– RENZO: Er war vielleicht dreiundzwanzig oder vierundzwanzig Jahre alt. Er war viel größer als ich, mindestens einen Meter achtzig, schlank und hatte ein athletisches Aussehen. Blond. Ich kann mich an den Rang nicht erinnern, aber er war Oberleutnant oder Hauptmann.

– Hat er nicht versucht, sich zu wehren? Hat er nicht irgend etwas auf deutsch oder italienisch gesagt?

– RENZO: Er machte den Mund nicht auf und folgte uns zum Fluß. Seine einzige Hoffnung war wohl, daß seine Leute rechtzeitig kommen würden, um ihn zu retten.

– Führte der Fluß Wasser?

– RENZO: Er war nur ein kleines Rinnsal, fast trocken.

– Was ist dann passiert?

– RENZO: Wir hörten aus der Richtung San Rocco Schüsse, und wir merkten, daß wir verfolgt wurden. Da ließ Andrea sich die Mütze, die Jacke und die Stiefel des Deutschen geben und hat ihn erschossen.

– Sind Sie dann flußabwärts nach Borgo gegangen?

– RENZO: Ja. Andrea ging als Deutscher verkleidet vor uns. Es sollte so aussehen, als hätte sich der Deutsche uns angeschlossen, als wäre er ein Deserteur.

– Vor oder nach Borgo sind Sie sicher gesehen worden?

– RENZO: Natürlich sind wir gesehen worden, es war ja hellichter Tag. Es kann schon sein, daß einige dann gesagt haben, einen bewaffneten Deutschen gesehen zu haben, der seelenruhig vor einigen ebenfalls bewaffneten Zivilisten herging. Spione gab es immer. Es gab keine Repressalien, weil die Deutschen dann schließlich glaubten, daß der Offizier abgehauen war. Andernfalls hätte es sicher eine «Säuberung» gegeben. Sie hätten sich nicht damit begnügt, die dreizehn Geiseln ein oder zwei Tage in der Kaserne festzuhalten.

– Die Repressalien sind ausgeblieben, weil sie die Leiche nicht finden konnten. Wahrscheinlich brachte die Rückkehr des Pferdes sie auch auf eine falsche Fährte. Vielleicht dachten sie nicht gleich an das Schlimmste. Wissen Sie, daß die Leiche lange unbegraben blieb?

– RENZO: Ja, bis der Fluß sie weggespült hat.

– Wie denken Sie heute, fast fünfzig Jahre später, über diese Begebenheit?

– RENZO: Ich war noch nicht einmal zwanzig, der älteste von uns war Andrea mit seinen zweiundzwanzig Jahren. Wir waren jung. Das Schicksal wollte es, daß wir auf diesen Deutschen stießen. In diesen Augenblicken ist es schwierig zu entscheiden, ob man töten soll oder nicht. Für mich waren die Deutschen alle gleich. Nach dem 8. September hatten sie den Bruder meines Vaters umgebracht, sie haben die schlimmsten Dinge getan, und wenn sie einen von uns erwischten, wurde er aufgehängt. Die Deutschen ... Viele wurden vielleicht gezwungen, so brutal zu sein, sie mußten Befehle ausführen. Heute hasse ich sie nicht mehr. Aber ich vergebe ihnen nicht.

25. September

Ich muß das Eisen schmieden, solange es heiß ist; es muß mir gelingen, Renzo und Vittorio einander gegenüberzustellen. Ich habe Renzo versprochen, nie seinen wahren Namen zu verraten. Er ist auch nicht der einzige meiner Augenzeugen, der anonym bleiben wollte. Entweder respektiere ich diesen Wunsch, oder ich verrate die meisten meiner Gewährsleute.

7. Oktober

Ich bin mit Klaus Scheel in Demonte. Er ist ein Kollege von Christoph, der vor dem Fall der Berliner Mauer in den Archiven der DDR ohne Ergebnis Nachforschungen über meinen «Vermißten» angestellt hat. Shelley[8] und Michele begleiten uns.

Das Gespräch dreht sich um die Partisanen und die Deutschen. Wir sprechen über das Stura-Tal und die anderen Täler der Provinz Cuneo, vor allem aber über die Geschichte von San Rocco. Klaus vertritt die These, daß man Historiker sein muß, um in den Archiven fündig zu werden. Der gute Wille reiche nicht aus, man müsse das Handwerkszeug besitzen. Er ist pessimistisch und hält mein Unterfangen für außerordentlich schwierig, ja unmöglich. Ich dagegen erkläre ihm, warum ich an Wunder glaube. Ich erzähle ihm vom 19. September 1944, von Pino, der bei Turiní vermißt ist,[9] und wie ich mit Wolf[10] im Herbst 1946 die Leiche bergen konnte.

10. Oktober

Ein weiteres Treffen mit Klaus Scheel, der morgen nach Deutschland zurückfahren wird. Shelley, Saverio und Mi-

---

8 Shelley Stock Volpi, die an der Universität Wien Politische Wissenschaft studiert hat, arbeitet seit 1985 am Istituto Storico della Resistenza in Cuneo e provincia.   9 Der 1902 geborene Arzt Giuseppe Scagliosi (Pino) gehörte als Partisan zu der Brigade «Carlo Rosselli» von *Giustizia è Libertà* (Partisanenformationen des linksliberalen *Partito d'Azione*). Er wurde am 19. September 1944 bei einem Spähtrupp jenseits der deutschen Linien im französischen Turiní (val Vésubie) schwer verwundet und galt als «vermißt». Zwei Jahre später, im November 1946, wurde seine Leiche gefunden und konnte identifiziert werden, weil ungefähr dreißig deutsche Kriegsgefangene zur Entminung in Turiní eingesetzt wurden. Drei dieser Kriegsgefangenen waren an den Kämpfen am 19. September 1944 beteiligt gewesen und wußten, wo Pino gefallen und begraben war.   10 Walter Cundari (Wolf).

chele begleiten uns. Scheel spricht mit mir über die Quellen, die er in unserem Istituto Storico untersucht hat, und kommt zu dem Schluß, daß die Dokumente der Partisanendivision «R»[11] von großem Interesse sind, darunter vor allem die Protokolle der Aussagen einiger deutscher Kriegsgefangener: «Dort wirst du deinen ‹Vermißten› finden.» Es wird sich zeigen, wo die Wahrheit zu finden ist; ich jedenfalls bin ganz fixiert auf die deutschen Archive. Dabei weiß ich genau, daß ich die Nadel im Heuhaufen suche, aber ich sage es noch einmal: Ich glaube an ein Wunder!

28. Oktober

Mit Christoph von Acqui nach Cuneo. Gestern hat er für sein Buch *L'attesa* einen der Preise *Acqui Storia* erhalten. Ich habe Christoph den «Deutschen von Cuneo» getauft. Morgen fährt er über Brindisi nach Athen.

29. Oktober

Um 9 Uhr mit Christoph im Istituto Storico. Michele wird Schreiber die Bezeichnungen einiger Sanitätseinheiten mitteilen, die 1944 in Cuneo stationiert waren. Ich werde ihm auch die Bezeichnungen anderer Einheiten schicken, von denen ich durch den Studenten Carlo Gentile[12] erfahren habe, der über die deutsche Besatzung in Piemont und Ligurien arbeitet.

---

11 «Rinnovamento» (Erneuerung).   12 Carlo Gentile, geboren 1960 in Imperia, hat sein Studium an der Universität Köln mit einer Arbeit über die deutsche Partisanenbekämpfung in Italien 1943–1945 abgeschlossen. Seit 1990 arbeitet er am Istituto Storico della Resistenza von Cuneo und an ähnlichen Institutionen mit.

1991
Die «schriftlichen Quellen»

10. Februar

Schreiber hat Michele über den Stand seiner Nachforschungen unterrichtet. Er studiert die Quellen im Freiburger Archiv und ist zu einigen interessanten Ergebnissen gekommen. Wegen der Sanitätskompanie 102 wird er sich an
das Berliner Archiv[1] wenden, wegen des Kriegsgerichtspro-
zesses und der Erschießungen am 2. Mai 1944 in Borgo San
Dalmazzo an das Archiv in Aachen[2].

6. März

Ein Brief von Schreiber an Michele mit zwei Berichten über die «Säuberungen» im April 1944 im Stura-Tal und
über die im Pesio-Tal zwischen dem 9. und dem 13. April
1944.

Leider gibt es kein Material über das II. Georgische
Bataillon der 198. Infanteriedivision und das Ost-Bataillon
617 einschließlich der 4. Kompanie. Schreiber schließt aber
nicht aus, daß in der umfangreichen Dokumentation über
die 14. Armee etwas gefunden werden könnte, was uns
interessiert. Er schlägt vor, daß ein Mitarbeiter unseres
Instituts, der die deutsche Sprache beherrscht, für einige
Wochen in Freiburg arbeitet, «z.B. Frau Shelley Stock
Volpi».

Endlich eröffnet sich ein neuer Horizont, ich muß den
Vorschlag von Schreiber sofort aufgreifen. Wir wissen so gut
wie nichts über die deutsche Besatzung im Kreis Cuneo,
und jetzt ist der Zeitpunkt gekommen, diese Lücke wenigstens teilweise zu schließen.

---

1 WASt, siehe unter 30. Januar 1988.   2 Bundesarchiv-Zentralnach-
weisstelle in Aachen-Kornelimünster.

15. März

Treffen mit Michele und Shelley im Institut. Wir gehen die deutschen Dokumente durch, die wir bis jetzt erhalten haben. Ein umfangreicher Fragenkatalog – in der Erwartung, daß Shelley sich gemäß dem Vorschlag Schreibers nach Freiburg begibt.

25. April

Während der Feier zum Jahrestag der Befreiung in Monterosso Grana unterhalte ich mich beim Essen mit befreundeten Partisanen aus San Rocco, mit Nino, Marco, Oreste, Benvenuto, Beppe und Lino. Wir sprechen über den Deutschen und die laufenden Nachforschungen. Sie wundern sich über meine Hartnäckigkeit. Wie immer will jeder seine Meinung zum besten geben.

31. Mai

Christoph ist in Cuneo. Den Vormittag verbringen wir mit Shelley im Institut, um zu besprechen, wie sie bei ihrem Quellenstudium in Freiburg vorgehen soll. Christoph denkt genauso wie ich nur noch an den «einsamen Reiter».

17. Juni

Ich schreibe an «Karl», einen ehemaligen Offizier der deutschen Wehrmacht, den ich anläßlich einer Diskussionsveranstaltung kennengelernt habe.

«Du bist einer der wenigen, mit denen ich über meinen *guten Deutschen* gesprochen habe», schreibe ich ihm und bitte ihn um die Beantwortung einiger Fragen.

Ich hatte nach der Diskussionsveranstaltung lange mit «Karl» gesprochen und war sofort von seiner offenen Art eingenommen. Wir berichteten von unseren Kriegserlebnissen – er von seinen Verwundungen an der russischen Front, ich von den meinen, und es war uns sogar gelungen, das schwierige Thema der Judenvernichtung anzugehen. Sehr beeindruckt war ich von seiner aufrichtigen Betroffenheit, als er von der Vergasung der Juden durch die Deutschen in Minsk erzählte.

Schon seit langem habe ich mir in den Kopf gesetzt, daß mein «Vermißter» von der russischen Front nach Italien kam. Daß «Karl» zuerst in Rußland Soldat war und dann nach Italien kam, ist ein glücklicher Zufall. Vielleicht kann er mir helfen, einige Probleme zu lösen, die mich schon geraume Zeit bedrängen.

5. Juli

Ein sehr ausführlicher Brief von Carlo Gentile an Michele. Endlich kommt etwas Licht in das Dunkel um das Attentat von San Rocco:

«[…] Ich weiß nicht mit absoluter Sicherheit, welche deutschen Einheiten im Juni 44 in der Kaserne von San Rocco Castagnaretta lagen. In meinen Unterlagen kann ich aber sicher einige Angaben finden.» Nach dieser überaus vorsichtigen Vorrede zählt Gentile eine ganze Reihe von Daten auf, die die damalige Lage mehr als erschöpfend kennzeichnen:

«Am 10. Mai lag in der Kaserne (ich stelle mir vor, es ist die, die heute *Ignazio Vian* heißt) das Kommando des Ost-Bataillons 617 (Feldpostnummer 07946) unter Hauptmann Lemberg, das um diese Zeit aus dem Susa-Tal hierher verlegt worden war, mit der 1. und der 4. Kompanie; außerdem ein Zug der 4. Kompanie des Ost-Bataillons 263. Alle Einheiten waren zur Ausbildung in San Rocco. Die 2. und 3. Kompanie des Ost-Bataillons 617 lagen in Borgo San Dalmazzo, während das Kommando und zwei Züge der 4. Kompanie des Ost-Bataillons 263 in Dronero waren, die 1. Kompanie in Saluzzo und die 2. Kompanie in Pont-Saint-

Martin. Nach dem 23. Mai wurde das Ost-Bataillon 263 nach Thiene bei Vicenza verlegt, wo es am 28. Mai ankam. Die 3. Kompanie des Ost-Bataillons 617 wurde am 30. Mai nach Verrès, Pont-Saint-Martin und Caluso verlegt. Zwischen dem 20. und 25. Juni führte das Ost-Bataillon 617 einige kleinere ‹Säuberung› in der Umgebung von Cuneo durch, im September 1944 war es noch in der Gegend und wurde bei Bonvicino von Partisanen angegriffen. Es gab 5 Gefallene, 13 Verwundete und 3 Vermißte [...]. Im März 45 befand sich das gesamte Bataillon in Ivrea.»

Carlo Gentile kommt zu folgendem Schluß: «Ich glaube, man darf auch ohne eindeutigen Quellenbeweis annehmen, daß der am 14. Juli verschollene Soldat dem Ost-Bataillon 617 angehört haben muß. Soweit ich weiß, waren alle anderen Einheiten sowjetischer ‹Freiwilliger› bei den Besatzungstruppen im Mai 1944 aus dem Kreis Cuneo entfernt worden.»

Carlo Gentile bringt mich aber noch weiter zum Staunen, denn er hat weit mehr getan, als sein Material zu sichten.

«Ich habe mit der zuständigen Abteilung des Bundesarchivs in Aachen telephoniert. Die Untersuchung ist ziemlich schwierig, denn die persönlichen Daten einiger Millionen von Soldaten sind dort alphabetisch geordnet. Man müßte also Namen, Vornamen und Geburtsdatum des betreffenden Soldaten kennen. Man könnte jedoch wenigstens versuchen, eine allgemeine Anfrage an das Archiv zu stellen. Wenn es sehr dringend ist, könnte ich mich bis September darum bemühen. Ich bräuchte allerdings eine schriftliche Anfrage auf Briefpapier des Istituto Storico della Resistenza dafür, um sie beim Archiv vorzuweisen. Die Anfrage könnte die im Institut bereits gesammelten Angaben und den Zweck der Nachforschungen enthalten [...].

Ich habe noch weitere Hinweise gefunden, die man vielleicht weiterverfolgen sollte. In den Vermißten-Listen des Deutschen Roten Kreuzes befindet sich unter den Vermißten des Ost-Bataillons 617 ein junger Leutnant namens

Knaut, Rudolf, geboren am 18. September 1920 in Marburg an der Lahn. Er war im Zivilleben Student und noch im Mai 44 in Pinerolo. Wenig später ist er verschollen. Sobald ich die schriftliche Anfrage aus Cuneo in Händen habe, werde ich auch diese Angaben an das Bundesarchiv weiterleiten.

Ein weiterer Hinweis könnte Sie vielleicht interessieren. Die Mitglieder der Erschießungskommandos der Partisanen, die man im Grana-Tal gefangen hatte, waren ohne Zweifel georgische Soldaten des Bataillons II/198. Dieses von einem Hauptmann Schulz befehligte Bataillon war zwischen dem 30. März und dem 2. April nach Cuneo gekommen und mit Kommando und zwei Kompanien in Borgo San Dalmazzo stationiert [...]. Die beiden anderen Kompanien lagen in San Rocco Castagnaretta. Das Bataillon war an verschiedenen ‹Säuberungen› beteiligt, darunter an dem ‹Unternehmen Stuttgart› gegen die Partisanen im Pesio-Tal und dem ‹Unternehmen Tübingen› im Stura-Tal. Am 10. Mai wurde das ganze Bataillon zur Sicherung der Eisenbahnlinie ins Susa-Tal verlegt und ersetzte dort das Bataillon 617, das nach Cuneo kam. Nach einer Massendesertion von 123 Unteroffizieren und Soldaten, die sich den Partisanen anschlossen, wurde das Bataillon Mitte Juni gegen eine tschechische Einheit ausgetauscht und nach Novara verlegt. [...]»

31. Juli

Ein sieben Seiten langer, eng mit Maschine geschriebener Brief von «Karl», der eine erste Antwort auf meine Fragen vom 17. Juni gibt, sozusagen eine erste Folge!

In einer längeren Einleitung stellt «Karl» einen Vergleich zwischen dem Deutschland von einst und jetzt an. Dann aber kommt er auf das Attentat von San Rocco zu sprechen, das Thema, das mir so sehr am Herzen liegt.

Er schließt aus, daß der «einsame Reiter» ein Pole oder Ukrainer gewesen sein könnte.

Die Polen, die auf der Grundlage der «Volksliste 3» eingezogen wurden, stammten meist aus gemischten deutsch-
polnischen oder aus zweisprachigen Familien deutscher
Herkunft, die seit Generationen in Polen lebten und assimi-
liert waren. Die polnischen Soldaten standen nicht zuletzt
wegen der massiven Desertionen unter scharfer Bewachung
durch ihre Offiziere und durch die deutsche Polizei. Es ist
also ganz undenkbar, daß ein polnischer Soldat oder Offizier
sich den Luxus häufiger Ausritte hätte erlauben können.

Das gleiche gilt auch für die «ukrainische» Hypothese.
Auf dem italienischen Kriegsschauplatz gab es einige Einheiten ehemaliger sowjetischer Kriegsgefangener aus der
Ukraine und Aserbeidschan und einige kleine Gruppen anderer «Freiwilliger» islamischen Glaubens wie Tartaren,
Kaukasier und Turkmenen. Sie wurden meistens im Kampf
gegen die Partisanen eingesetzt. «Für sie nahm der Kampf
gegen die Partisanen den Charakter eines gnadenlosen
Krieges zwischen ‹Verrätern› an der Sowjetunion und den
italienischen ‹Verrätern› an, die als ‹prosowjetisch› galten.
Ihre Verbissenheit war unter den deutschen Kommando-
dienststellen geradezu sprichwörtlich.»

Diese Ost-Bataillone waren strengster Disziplin unterworfen und von der Zivilbevölkerung völlig abgeschirmt.
Die sogenannten «Ukrainer» oder «Russen» trugen die
deutsche Uniform, waren aber durch gut sichtbare Ab-
zeichen leicht zu erkennen. Auch die einheimische Bevölkerung lernte es, sie von den Deutschen zu unterscheiden.[3]

Wenn man also die «polnische» und die «ukrainische»

---

[3] Die einheimische Bevölkerung hatte vor allem die Brutalität der sogenannten «Russen» von der nicht minder großen der Deutschen zu unterscheiden gelernt. Nach den Suchaktionen und Repressalien hieß es
gewöhnlich: «Die Russen sind gekommen, sie waren vollkommen
betrunken. Sie haben gemordet, alles in Brand gesteckt und sich aufgeführt
wie wilde Tiere. Sie sind schlimmer als die Deutschen.» Daß man die
Russen schlecht machte, kam den Deutschen zupaß, denn es schien ihre
Verantwortung zu mindern.

Hypothese ausschließen muß, bleibt nur noch die «deutsche».

Im deutschen Heer war die Haltung und der Einsatz von Pferden strengen und sehr genauen Regelungen unterworfen. Bei jeder Einheit, auf der Ebene der Kompanie oder Batterie, gab es einen Beschlagunteroffizier mit nahezu unbegrenzter Autorität. Auch die Offiziere mußten sich traditionsgemäß an diese Ordnung halten.

Noch etwas steht fest. Es war überhaupt nicht vorstellbar, daß ein deutscher Offizier seine Einheit verlassen und zum Feind überlaufen könnte: «Der Verdacht der Desertion kam höchstens gegenüber einfachen Soldaten, Gefreiten oder Unteroffizieren auf. Niemals gegenüber einem Offizier.»

Zu den Repressalien: Wenn ein deutscher Offizier ermordet wurde, griff man automatisch zu Repressalien mit Geiselnahme und Erschießungen. Das gleiche galt, wenn eine deutsche Patrouille von Partisanen aufgerieben wurde. Wenn es nur ein Opfer gab und das Opfer einfacher Soldat war, fanden keine Repressalien statt. Um Repressalien auszulösen, mußte das Opfer Offizier, Unteroffizier oder Inhaber eines wichtigen Verwaltungspostens sein.

«Karl» geht dann ausführlich auf den spezifischen Fall meines «einsamen Reiters» ein und entwickelt einige Hypothesen, darunter die, es könnte sich um einen Leutnant oder Oberleutnant einer relativ «ruhigen» Einheit gehandelt haben, der zu Pferd die Außen- und Sperrposten kontrollierte.

Es ist nach Meinung «Karls» nicht ausgeschlossen, daß «unser unbekannter Soldat» ein gebildeter Mann ohne militärischen Ehrgeiz war, vielleicht ein Tierarzt im Range eines Unteroffiziers, oder ein Kartograph, ein Meteorologe ... auf jeden Fall aber ein Mann, der über sehr viel freie Zeit verfügte.

«Karl» wagt die Vermutung, daß der Reiter ein Pferdenarr war, der wahrscheinlich aus einer adeligen Familie im Osten oder Norden des «Reiches» stammte. Bei diesen Großgrundbesitzern habe die romantische Liebe zur Natur und vor allem zu Pferden eine lange Tradition. Die große Mehrheit dieser Familien habe dem Nationalsozialismus, aber auch dem starken «bürgerlichen» Nationalismus gegenüber immer Distanz bewahrt. Sie betrachteten sich selbst als Hüter eines Humanismus, der in der Vorstellung einer über die Generationen andauernden allgemeinen sozialen Verantwortung wurzelte. Die Angehörigen dieser gesellschaftlichen Schicht hielten sich deshalb für verpflichtet, sich durch ihr Verhalten nicht nur als gebildet, wohlerzogen und vernünftig, sondern auch als einfühlsam, hilfsbereit und gütig, das heißt als «gute Christen» oder einfach «gute Menschen» zu zeigen.

«Karl» freut sich über den «glücklichen Zufall», der uns zusammengeführt hat. Er bittet mich um einen «kurzen Lebenslauf», obwohl er teilweise die Geschichte meiner IV. Partisanengruppe und die der Brigade *Giustizia e Libertà Carlo Rosselli* in Italien und Frankreich, zu der wir gehörten, schon kennt.

1. August

Im Institut treffe ich Shelley und Michele. Shelley ist Mitte Juli mit wichtigen Ergebnissen aus Freiburg zurückgekommen. Schreiber hat ihre schwierige Aufgabe sehr erleichtert, und Shelley hat hervorragende Arbeit geleistet. Sie wird alle Dokumente so bald wie möglich übersetzen.

12. August

Im Institut hat Michele mich gebeten, eines der Dokumente, die Shelley in Freiburg gefunden hat, durchzusehen.

Das Schriftstück mit dem Datum 16. Juni 1944[4] wird für

4 Bundesarchiv-Militärarchiv, Freiburg, RH 31 VI/10, Bevollmächtigter General der Deutschen Wehrmacht in Italien, Ic-Tagesmeldung vom 16.6.1944. – Dem Bevollmächtigten General waren auch die Ost-Bataillone unterstellt.

meine Untersuchung vielleicht entscheidende Bedeutung haben. Es ist vom Bevollmächtigten General der Deutschen Wehrmacht in Italien unterzeichnet und wurde an den Oberbefehlshaber Südwest, an den höchsten SS- und Polizeiführer in Italien und an die Armeeabteilung von Zangen übersandt. Über den 14., 15. und 16. Juni gibt es nur wenige Notizen im Telegrammstil, die ausschließlich den Kampf gegen die Partisanen betreffen. Unter dem Datum des 16. Juni steht: «Dt. Offz. Borgo S. Dalmazzo (s. Cuneo) von Banditen überfallen u. verschleppt.»

Dies ist das erste Dokument, das mich nicht nur auf ein Wunder hoffen, sondern immer mehr an ein Wunder glauben läßt, und ich verdanke es Shelley, die es aus dem Meer von Papieren in Freiburg herausgefischt hat.

Michele schließt völlig aus, daß es sich um einen ähnlichen Fall wie in San Rocco handelt, und ich bin auch dieser Meinung. Allerdings stimmen die Daten nicht überein. Ich halte immer noch am 14. Juni fest. Ist es vielleicht denkbar, daß die Nachricht zwei Tage lang zurückgehalten wurde, bis sich die Nachforschungen als ergebnislos erwiesen hatten? Auch der Hinweis auf Borgo San Dalmazzo (südlich Cuneo) macht mich unsicher.

16. August

Meine Antwort auf «Karls» Brief.

Ich danke ihm für diese seine «erste Folge», die mir schon viele wertvolle Hinweise und Vorschläge übermittelt hat, und ich drücke ihm meine Freude darüber aus, einen Freund und zugleich einen Verbündeten bei meiner «unmöglichen Untersuchung» gefunden zu haben.

«Es ist ganz richtig, was Du mir über den Charakter des deutschen Volkes geschrieben hast. Auch ich bin davon überzeugt, daß in Deutschland heute Freiheit, Demokratie und Rechtsstaatlichkeit gefestigt sind. Es ist mein Land, Italien, das gerade eine sehr schwere Krise durchmacht, in der die schon lange latent vorhandenen Probleme zum Ausbruch kommen. [...] Trotz allem bleibt zu hoffen, daß das Ganze nicht einfach auseinanderbricht.»

Meine einleitenden Worte über Italien sind sicher nicht weniger kritisch als die «Karls» gegenüber Deutschland. Dann aber wende ich mich dem Attentat von San Rocco zu: «Zur ungefähren Lage des Attentatsortes siehe die sehr grobe Skizze auf Seite 2. Die Zeugen sprechen von häufigen Ausritten, vielleicht einem Dutzend. Tag für Tag, immer morgens zur gleichen Zeit, immer auf demselben Weg. Die Leiche des ‹Vermißten› blieb lange Zeit unbeerdigt. Einige meiner Zeugen haben sie im Flußbett gesehen. Niemand kümmerte sich darum, sie wenigstens mit einer Handvoll Sand zu bedecken ... Die Leute hatten Angst, und die Bauern machten den Mund nicht auf. Die Kaserne von San Rocco war kaum mehr als einen Kilometer von diesem Grab unter offenem Himmel entfernt.»

Am Ende teile ich ihm auch noch die Nachricht von Shelley über den deutschen Offizier mit, der am 16. Juni 1944 in der Nähe von Cuneo «von Banditen überfallen u. verschleppt» worden ist. «Ich bin so gut wie sicher, daß es sich dabei um meinen ‹Vermißten› handelt, aber ich will noch nicht von einem Wunder sprechen.»

26. August

Mit großem Interesse lese ich die Berichte der Militärkommandantur Cuneo, die Shelley übersetzt hat. Zwischen den Zeilen suche ich irgendeinen kleinen Hinweis auf das Attentat von San Rocco, aber ich finde nichts.

11. September

Carlo Gentile ist in Cuneo, am späten Nachmittag treffe ich ihn zum ersten Mal. Nach dem Abendessen diskutieren wir mit Michele bis nachts um eins. Michele ist genau wie ich begierig auf jede Art von Information. Carlo ist ein sympathischer, ernsthafter junger Mann mit ausgezeichnetem Fachwissen. Er erzählt uns, wie er in den Bänden des Deutschen Roten Kreuzes Rudolf Knaut, den «Vermißten» des Ost-Bataillons 617, gefunden hat. Vielleicht ist er der in San Rocco vermißte Deutsche? Carlo hat im Aachener Archiv nach einer Personalakte über Rudolf Knaut angefragt, und falls etwas dabei herauskommt, wird unser Institut eine Photokopie des Materials erhalten.

12. September

Wieder ein Treffen im Institut mit Carlo Gentile, Shelley und Michele. Wir sprechen über die Bestände der verschiedenen deutschen Archive und planen das weitere Vorgehen. Carlo fährt heute nach Imperia. Vielleicht kommt er am 26. wieder nach Cuneo.

23. September

Um halb zwölf ruft Michele ganz aufgeregt an. Aus Aachen ist die Bestätigung gekommen, daß unser «Vermißter» endlich einen Namen hat: Er heißt Rudolf Knaut, der Name, den uns Carlo Gentile schon genannt hatte.

So schnell wie möglich gehe ich ins Institut, um den Brief aus Aachen mit der Personalkarte von Rudolf Knaut einzusehen. In dem Brief steht, daß der Leutnant Rudolf Knaut, geboren am 18. September 1920 in Marburg und am 16. Juni 1944 in der Nähe von Cuneo verschollen, ohne Zweifel der «Vermißte» von San Rocco ist. Sie fordern alle Unterlagen, die wir besitzen, an, um ihn nicht mehr als «vermißt», sondern als «gefallen» führen zu können.

Die Personalkarte enthält außer Namen und Geburtsdatum nur noch Angaben darüber, daß er zunächst beim 116. Grenadierregiment diente, und dann das Datum der Verleihung seines Dienstgrades (1. April 1944).

Fast bin ich überzeugt davon, den Kreis geschlossen zu haben, aber ich brauche noch weitere Beweise. Die Welt der «Vermißten» ist dunkel und voller Hinterhalte.

26. September

Besprechung mit Carlo Gentile, Shelley und Michele im Institut über einen Brief in meinem Namen an das Bundesarchiv in Aachen und an die Zentrale des Deutschen Roten Kreuzes.

Carlo ist sich ganz sicher und kann mich fast überzeugen. Seiner Meinung nach ist die Bestätigung aus Aachen ein Fixpunkt. Sobald er nach Köln zurückgekehrt ist, wird er die Nachforschungen weiterführen.

Zu Hause erzähle ich Anna von unserer Entdeckung, damit auch sie sich mit mir freuen kann, und ich danke ihr für die Geduld, die sie immer mit mir hatte. Dann rufe ich alle Freunde an, die mir seit Jahren bei meiner schwierigen Forschungsarbeit beigestanden haben: Antonella und Marco, Bartolo, Checca, Aldo, Grazia, Guido, Roberto, Patrizia, Giulio.

15. Oktober

Keine Nachricht von «Karl». Ich habe ihm drei Bücher geschickt: Mein *La guerra dei poveri* (*Der Krieg der Armen*), *L'ultimo fronte* (*Die letzte Front*), und *Guerra partigiana* (*Partisanenkrieg*) von Livio Bianco. Hat er sie bekommen? Ich schreibe ihm, um ihm mitzuteilen, daß «mein Vermißter» vielleicht Rudolf Knaut heißt.

25. November

Gestern versammelte sich eine große Gesellschaft um Grazia[5], die in Begleitung des photobegeisterten Richters

5 Die Journalistin und Schriftstellerin Grazia Cherchi.

Vincenzo Cottinelli gekommen war. Als unvorhergesehene, aber hochwillkommene Gäste kamen auch noch Christoph und Lidia⁶, und so wurde der Abend ein richtiges Fest.

Nachmittags kamen Grazia und Marco kurz in mein von Papieren und Büchern überquellendes Arbeitszimmer. Grazia meint, ich soll nicht so vorsichtig sein. Aber ich verteidige meinen Standpunkt. Mit liebevoller Bestimmtheit setzt sie mir einen Termin. Sie wird am 24. Januar nach Cuneo kommen und mit mir die ersten dreißig Seiten meines Buches durchgehen. Ich gebe zwar das Versprechen, aber ich habe zu viele Aufgaben. Dennoch will ich mein Bestes versuchen.

Soll ich mich darauf beschränken, meine Tagebuchaufzeichnungen und die Zeugenaussagen zu ordnen, oder eine weder «falsche» noch «wahre» Geschichte «erfinden», die sich wer weiß wo abspielt? Vielleicht sollte ich einen Mittelweg einschlagen. Ich werde die ganze Wahrheit sagen, aber hinsichtlich der Zeugen sehr vorsichtig sein. Ich stelle ihnen frei, ob sie namentlich genannt oder lieber anonym bleiben wollen. Den Gewährsleuten verdanke ich sehr viel. Ohne die «mündlichen Quellen» hätte ich die «schriftlichen» nie gefunden.

14. Dezember

Ich schreibe an Carlo Gentile und überhäufe ihn mit Fragen:

«[...] Ich denke nur noch an Rudolf Knaut, über den ich so viel wie möglich wissen möchte. Ist er am Ende wirklich der ‹einsame Reiter›? Ich habe herausgebracht, daß ein Angehöriger der deutschen Wehrmacht am 14. Juni in der Nähe von San Rocco verschwunden ist. Die offiziellen Quellen melden Rudolf Knaut als vermißt am 16. Juni.

---

6 Lidia Beccaria Rolfi, die als Partisanin nach Ravensbrück deportiert worden war.

Kann es sich um dieselbe Person handeln? Wie kann man völlige Sicherheit gewinnen? Vielleicht hat man zwei Tage lang gesucht und ihn erst dann als vermißt angegeben.

Wann war er nach Cuneo gekommen? Und von woher? Zuletzt war er in der Kaserne von San Rocco. Aber welcher Einheit war er zugeteilt? Aus seiner Personalkarte geht hervor, daß er ursprünglich dem 116. Grenadierregiment angehört hatte. Wahrscheinlich gehörte er einer in Aufstellung begriffenen Ost-Einheit an, einer selbständigen Einheit von wenigen Mann, die nichts mit dem Bataillon der Georgier in Tetto Gallotto zu tun hatte.

Hatte er Kriegserfahrung? Wie ist es möglich, daß er diese Ausritte wagte, ohne auf die Gefahr zu achten, die rings um ihn lauerte? Könnte es sein, daß er zwischen der Kaserne von San Rocco und dem Bataillon von Tetto Gallotto eine Verbindung herstellen sollte? Aber zu Pferd und ausgerechnet auf dem gefährlichsten Weg?

Warum haben ihn ‹seine Leute› nicht mit mehr Nachdruck gesucht? Wurde seine Einheit vielleicht gerade in jenen Tagen verlegt? Wußte die Militärkommandantur von Cuneo nichts von einer derartigen Sache? Das Verschwinden eines deutschen Offiziers, auch wenn er einer selbständigen Einheit angehörte, war keine zu vernachlässigende Kleinigkeit. Kann man wirklich ausschließen, daß er als Deserteur betrachtet wurde und man deshalb nicht nach ihm suchte?

Wird man den Hauptmann Lemberg oder wenigstens einige Überlebende der Ost-Bataillone in der Gegend von Cuneo befragen können?

Sind meine Erklärungen für Aachen und das Deutsche Rote Kreuz angekommen? Wenn ich mich recht erinnere, hast Du von dem letzten Brief gesprochen, den Rudolf an seine Familie geschrieben hat. Wird es möglich sein, eine Kopie davon zu erhalten, und vielleicht eine Photographie von Rudolf Knaut?

In den letzten Tagen habe ich in Cuneo Christoph

Schminck-Gustavus getroffen. Gestern hat er mich aus Athen angerufen, um mir zu sagen, daß er mit Dir gesprochen und Dir das Material aus seinem kleinen Archiv versprochen hat (die Korrespondenz mit mir und mit den Archiven in Freiburg und Berlin).

Ich wäre Dir sehr dankbar, wenn Du mir helfen würdest, den Stand der Dinge zusammenzufassen, und mir Vorschläge für das weitere Vorgehen machen würdest.»

21. Dezember

Ein Brief von Carlo an Michele. Wie versprochen, hat er sich nach seiner Ankunft in Köln sofort an die Arbeit gemacht. Er schickt Michele Kopien der Briefe, die er an verschiedene deutsche Stellen geschickt hat, «um die bisher erzielten Resultate im Fall Rudolf Knaut abzusichern». Er hat auch an das Archiv in Berlin geschrieben.

Auch der Kontakt zwischen Christoph und Carlo erweist sich als sehr positiv: «Christoph Schminck-Gustavus war sehr freundlich und hat mir die gesamte Korrespondenz zwischen ihm und Nuto geschickt. Jetzt bleibt uns nur noch, die weitere Entwicklung abzuwarten.»

26. Dezember

Ich rufe «Karl» an. Er ist sehr freundlich und freut sich riesig. Er hat die Bücher bekommen, hat aber nichts von sich hören lassen, weil er zuviel zu tun hatte. Er hat schon angefangen, die «zweite Folge» an mich zu schreiben. Den ersten Brief des neuen Jahres wird er an mich schreiben. Und alles Gute!

1992
Die Wende

Gestern Treffen mit Vittorio in Turin. Weil Renzo leider verhindert war, konnte ich diese Begegnung nicht voll nutzen.

— Wann fand die Geschichte in San Rocco statt?

— VITTORIO: Ich habe mit Renzo darüber gesprochen, aber auch er erinnert sich nicht. Ich weiß, daß das Getreide reif war, also muß es gegen Ende Juni oder Anfang Juli gewesen sein.

— Warum wart ihr ins Tal gekommen?

— VITTORIO: Wir sollten den Tabakkurier etwas oberhalb von San Rocco an der Straße Cuneo–Borgo treffen. Wir hatten mit ihm eine Vereinbarung getroffen und kamen immer. Wir gaben dem Kurier eine Quittung, und er übergab uns den Tabak. Es bestand eine stillschweigende Übereinkunft zwischen uns und dem Tabakmonopol.

— Und was passierte dann?

— VITTORIO: Es passierte, daß die Übergabe nicht zustande kam, weil zu viele deutsche Fahrzeuge unterwegs waren. Durch die Felder gingen wir zu einer kleinen Kirche an der alten Straße nach Borgo, um dann den Fluß zu erreichen.

— Seid ihr dort auf den Deutschen gestoßen?

— VITTORIO: Nein, weiter unten Richtung Cuneo. Plötzlich sahen wir ihn vor uns und hielten ihn fest. Alles ging in Sekundenschnelle vor sich.

— Wie hat er reagiert?

— VITTORIO: Er stand verdutzt da, wie versteinert. Wir haben ihn schnell entwaffnet und ihn absitzen lassen. Aber er stand noch kaum auf dem Boden, da galoppierte das Pferd davon. Wir fragten uns, was wir nun machen sollten, denn das Pferd würde in wenigen Minuten in der Kaserne sein, und die Deutschen uns auf den Fersen. Wir rannten die

Böschung hinunter und erreichten das Flußufer. Dort mußte man einen kleinen Wasserarm durchwaten, aber der
Deutsche wollte sich nicht naß machen. Er zog die Stiefel
aus, um Zeit zu gewinnen. Ich mußte ihn stoßen und habe
ihm sogar einen Tritt in den Hintern gegeben.
– Und was geschah dann?
– VITTORIO: Auf dem Inselchen hielten wir kurz an, um
zu verschnaufen. Jetzt waren wir zwischen den Büschen
versteckt. Zwei oder drei von uns zündeten sich eine Ziga-
rette an. Der Deutsche schlug uns vor, ihn freizulassen: «Ich
komme gleich wieder zurück und bringe euch viele Zigaretten.»
– Sprach er italienisch?
– VITTORIO: Er machte sich verständlich. Natürlich
ließen wir ihn nicht frei, sondern machten uns schleunigst
auf den Weg. Aber er ging immer langsamer, er wollte Zeit
gewinnen. Plötzlich hörten wir einige Gewehrsalven in der
Nähe. Er gab Andrea einen Stoß, und dann hat ihn Andrea
umgebracht.
– Beschreiben Sie mir den Deutschen. War er jung?
– VITTORIO: Er war groß und kräftig, ein starker Mann,
vielleicht 23 oder 24 Jahre alt.
– Es war ein Offizier ...
– VITTORIO: Ja, später haben wir erfahren, daß er Kommandant der Kaserne von San Rocco war.
– Ihr habt ihn im Gebüsch liegen lassen. Habt ihr nicht
an mögliche Repressalien gedacht?
– VITTORIO: Wir waren Dummköpfe, weil wir nicht
auch das Pferd erwischt haben. Dann hätten sie sein Verschwinden erst drei oder vier Stunden später bemerkt.
Trotzdem ist die Sache noch gut ausgegangen. Sie haben
ihn gesucht, aber es war unmöglich, ihn in dem Dickicht zu
finden. Wenig später kam das Hochwasser.

Carlo antwortet auf meinen Brief vom 14. Dezember:

«[...] Am 10. Mai war die Lage des Ost-Bataillons 617 folgendermaßen: Das Kommando und die 1. und 4. Kompanie waren in Ausbildung in San Rocco Castagnaretta; die 2. und 3. Kompanie in Tetto Gallotto (Borgo San Dalmazzo). [...]

Wenn Rudolf Knaut dem Bataillon 617 angehörte, wie sich aus Band SO der Vermißten-Bildlisten des Deutschen Roten Kreuzes ergibt, dann war er aller Wahrscheinlichkeit nach nicht bei der 3. Kompanie, die Ende Mai nach Verrès, Pont-Saint-Martin und Caluso verlegt wurde, und ebenfalls nicht in der 4. Kompanie, die schon seit dem zweiten Weihnachtstag 1943 in Cuneo war. In der Liste ist nämlich vermerkt, daß die letzte Nachricht von ihm (wahrscheinlich an seine Familie) im Mai 1944 aus Pinerolo kam, d. h. kurz vor der Verlegung der drei Kompanien und des Bataillonsstabes aus den Tälern von Susa und Chisone nach Cuneo. Rudolf muß also der 1. oder der 2. Kompanie oder dem Bataillonsstab angehört haben.

Wenn der erwähnte letzte Brief von Rudolf Knaut noch existiert, ist er sicher in Händen der Familie; wir müssen also die Antwort aus Berlin abwarten.

Rudolf Knaut war gerade erst zum Leutnant der Reserve ernannt worden. [...] Er hatte in Rußland gekämpft. [...] Dann war er nach Italien nach Pinerolo und schließlich nach Cuneo versetzt worden. Nach dem, was er in Rußland erlebt hatte, mußte ihm Cuneo wie das *Paradies* erscheinen, und die Bedrohung durch die Partisanen vor den Toren der Stadt war für ihn nichts gegen die durch die russische Armee. Vielleicht ritt er deshalb gegen die ausdrückliche Anordnung des Bevollmächtigten Generals der Deutschen Wehrmacht in Italien, Rudolf Toussaint, alleine aus. Es war den Angehörigen der deutschen Streitkräfte in partisanengefährdeten Gebieten unter Androhung disziplinarischer Maßnahmen nämlich verboten, die Kaserne allein zu verlassen. Als Offizier mußte Rudolf diesen Befehl kennen. Vielleicht fühlten sie sich damals aber in Cuneo sicher und verzichteten auf gewisse Vorsichtsmaßnahmen.

Wenn die Stationierung der Kompanien sich seit Mai nicht geändert haben sollte, könnte Rudolf zu Pferd die Verbindung zwischen den Kompanien in San Rocco und Borgo San Dalmazzo hergestellt haben, denn die Ost-Bataillone waren, soviel ich weiß, weder motorisiert, noch verfügten sie über Funk. Die Kompanien in San Rocco und Borgo San Dalmazzo gehörten beide zum Ost-Bataillon 617 und nicht zum georgischen Bataillon II/198, das einige Wochen früher ins Susa-Tal verlegt worden war.

Warum er von seinen Leuten nicht mit mehr Nachdruck gesucht worden ist, ist immer noch schwer nachzuvollziehen. Vielleicht hat man auch anderswo nach ihm gesucht. Nachdem man ergebnislos das Kiesbett des Gesso und die Häuser in der Nähe durchsucht hatte, wandten sich die Kameraden von Rudolf vielleicht nach Borgo oder Boves. Vielleicht führten die verhafteten und verhörten Personen die Deutschen absichtlich auf eine falsche Spur, um sie sich möglichst schnell vom Hals zu schaffen. Sie gaben vielleicht an, die Deutschen sollten Rudolf in den Bergtälern bei den Partisanen suchen oder anderswo. Vielleicht wandten sich die Deutschen an die Pfarrer, um einen Gefangenenaustausch anzubieten. Vielleicht leben einige dieser Pfarrer noch und erinnern sich an die Vorfälle, vielleicht geben die Pfarrbücher von San Rocco, Borgo und anderen Ortsteilen in der Gegend eine Auskunft. [...]

Wenn Rudolf Knaut Dein ‹einsamer Reiter› ist, wovon ich überzeugt bin, dann können wir sicher sein, daß seine Einheit (Ost-Btl. 617), wie es die Quellen ausweisen, zu der Zeit nicht verlegt wurde, sondern bis zum September 1944 in der Gegend von Cuneo blieb.

Ich hoffe sehr, daß noch einige Offiziere der Ost-Bataillone oder des Regimentsstabes, von dem die verschiedenen

Bataillone abhingen, zu finden und zu Aussagen bereit sind. Weil diese Einheiten nur relativ wenig deutsches Rahmenpersonal hatten, müssen wir Glück haben, um noch einige am Leben zu finden [...].»

2. Februar

Ein Brief aus Köln. Carlo teilt mir mit, daß er wieder an das Deutsche Rote Kreuz in München geschrieben hat, und fügt hinzu: «Bis aus München ein Photo kommt, habe ich versucht, die Personalkarte von Rudolf Knaut zu photokopieren. Die Kopie ist ganz gut geworden und wird Dir bei der weiteren Arbeit sicher nützlich sein. Nachdem ich das Photo gesehen habe, bin ich immer mehr davon überzeugt, daß es sich wirklich um Deinen ‹einsamen Reiter› handelt. Sein Aussehen paßt zu dem Bild, das Du Dir von ihm gemacht hast. Ein sensibler Blick, gewellte Haare im ‹deutschen Schnitt›; er war sicher sehr groß und schlank. Auf mich macht er den Eindruck eines anständigen Menschen. Vorläufig warte ich auf Antwort aus Berlin und München. Um einige ‹technische› Details hinsichtlich der Ost-Bataillone zu klären, werde ich mich noch einmal an das Freiburger Archiv wenden.»

Lange betrachte ich das Photo von Rudolf und bin tief bewegt. In einer Schlacht zu sterben, gehört zur Realität des Krieges, der man ins Auge sehen muß; im Krieg trägt man zwei Beutel bei sich – einen zum Austeilen, einen zum Einstecken. Aber zu sterben, wenn man es am wenigsten erwartet, in einer Umgebung, die mehr nach Frieden als nach Krieg aussah, ist wirklich ein grausamer Streich des Schicksals. Wie dumm und absurd ist doch der Krieg!

10. Februar

Ein Brief von Christoph aus Athen.

«[...] Seit damals sind fünfzig Jahre vergangen. Ich bin erst 49. Aber ich bin Deutscher. Überall sehe ich meine Landsleute: in den Aussagen ‹meiner› Griechen, in den Quellen ... und ich erkenne ihre Härte, ihre Genauigkeit, ihre Disziplin. Auch ich bin auf meine Weise ‹genau› und ‹diszipliniert›. Ich bin in diesem Land aufgewachsen, das – gut oder schlecht – mein Land ist [...].»

21. Februar

Ein Anruf von Carlo aus Köln. Er teilt mir einige wichtige Nachrichten mit, die er gerade vom Deutschen Roten Kreuz erhalten hat.

Rudolf Knaut war Ordonnanz-Offizier beim Bataillon 617, wie aus seiner Personalkarte mit der Feldpostnummer 07946 A hervorgeht.

«Jetzt halt dich fest: Der Vater von Rudolf hat vor vielen Jahren zu Protokoll gegeben, er habe von dritter Seite erfahren, daß sein Sohn am 14. Juni 1944 in Pinerolo verschollen sei.» Daraus kann man schließen, daß Rudolf am 14. Juni 1944 in Cuneo verschollen ist, die Nachricht aber erst am 16. offiziell bestätigt wurde, als der Stab des Bataillons 617 sie an die nächsthöhere Dienststelle in Pinerolo übermittelte.

22. Februar

Shelley übergibt mir den aus Freiburg stammenden Bericht des Kommandeurs des Ost-Bataillons 616 (Hauptmann Smola?) vom 11. November 1943 an das Kommando der 14. Armee.

Die 1. Kompanie des Bataillons 616 wurde im Stalag 132 von Orel am 1. Januar 1942 aus Kriegsgefangenen zusammengestellt, «die sich als Freiwillige im Kampf gegen den Bolschewismus und zur Befreiung ihrer Heimat gemeldet haben». Im Mai, nach der entsprechenden Propagandakampagne und der Registrierung von Freiwilligen in den Bezirken Orel und Brjansk, zählte das Bataillon bereits vier Kompanien. Die Kriegsgefangenen wurden «nach rassischen Gesichtspunkten» ausgewählt. Ihre besondere Aufgabe bestand «vom ersten Tag an, ohne systematische Ausbildung, im Einsatz gegen Partisanen». Im Februar 1943 wurde ein Jagdkommando eingesetzt, das schnell beachtliche Erfolge erzielte.

«Neben den deutschen Kompanie- und Zugführern gibt es auch die russischen Kompanie- und Zugführer (zwölf Offiziere und Unteroffiziere der Roten Armee). [...] Die Bekleidung, die Schuhe und die militärische Ausrüstung sind schlecht, sie müssen dringend verbessert und vervollständigt werden. Es gibt überhaupt keine Strümpfe [...].»

Die Einheiten verfügten nur über russische Waffen, und es mangelte an Munition. Die Kompaniechefs kommunizierten untereinander nur auf deutsch. Die Befehle an die Truppe wurden auf russisch erteilt.

Die russischen Kriegsgefangenen. Die Deutschen ließen sie zu Hunderttausenden an Hunger, Kälte und Entbehrungen umkommen. Ein Blick in die Tagebücher von Galeazzo Ciano[1] genügt, um sich einen Begriff davon zu machen, unter welchen Umständen die Rekrutierung für die sogenannten Ost-Bataillone vor sich ging. Ciano war im Herbst 1941 nach Berlin geeilt, um den Deutschen die italienische 8. Armee für den Einsatz in Rußland *(Armata italiana in Russia, Armir)* anzubieten. Am 24., 25. und 26. November schreibt er: «Göring war sehr beleidigt über ein zweitrangiges Gerücht über unsere Botschaft. Nachdem er sich mir gegenüber geäußert hatte, war die Sache wieder im Lot. Es

1 *Diario 1939–43.* Milano 1963, Band 2, S. 98.

war beeindruckend, wenn er über die Russen sprach, die sich gegenseitig auffressen und auch einen deutschen Wachposten in einem Gefangenenlager gefressen haben. Er erzählte ohne jede Gemütsbewegung, dabei ist er ein Mann mit Herz. [...] Göring hat mir erzählt, daß der Hunger unter den russischen Kriegsgefangenen so groß ist, daß man sie zur Verlegung ins Landesinnere nicht mehr von Wachmannschaften begleiten lassen muß, es genüge, eine Feldküche vorauszuschicken, die Essensdünste verbreitet, um Tausende und Abertausende von Gefangenen wie ein Rudel hungriger Wölfe hinter sich herzuziehen. Und wir schreiben das Jahr des Herrn 1941.»

Wir vom 5. Gebirgsjägerregiment der Division *Tridentina* kampierten nach einem zehntägigen Marsch im August 1942 in einem Wald bei Nowo Gorlowka, um auf den Befehl zum Weitermarsch Richtung Kaukasus zu warten. Ich erinnere mich, daß wir Tag und Nacht von weitem schwermütige Klänge wie eine Art andauerndes Klagelied hörten. Es hieß, der Gesang käme von einem Konzentrationslager, wo die Deutschen ukrainische «Freiwillige» rekrutierten.

Und die ersten russischen Kriegsgefangenen aus Bolschoi[2], die gerade von den Bersaglieri im Niemandsland gefangengenommen worden waren? Es waren vielleicht dreißig Männer, alle jung, aber schon vom Krieg gezeichnet, in heruntergekommenen Uniformen. Sie waren eher resigniert als verzweifelt. Sie wußten nicht, welches Schicksal sie erwartete. Wir hatten am Straßenrand gestanden, als sie vorbeizogen, denn wir waren neugierig, die ersten «Feinde in Uniform» zu sehen. Aber niemand von uns hat sie verspottet.

2 Ort westlich des Don, wo das 3. und 6. Bersaglieri-Regiment der Division Sforzesca bei ihrem Rückzug im August 1942 zu Hilfe gekommen war.

Dann die ersten Deserteure, die der Höhe 228. Fünf von ihnen waren älter, zwei ganz jung, nicht einmal zwanzig. Sie wußten nicht, daß wir sie innerhalb von vierundzwanzig Stunden an die Deutschen ausliefern mußten, die als unsere absoluten Herren keine Ausflüchte und keine Ausnahmen duldeten.

Und die drei schwarzgekleideten, bis an die Zähne bewaffneten Russen? Vielleicht gehörten sie zur ukrainischen Polizei, zur SS. Wir hatten gerade die Einkesselung durchbrochen, und während einer Marschpause hatte ich mich unvorsichtigerweise von meinen Gebirgsjägern entfernt. Plötzlich standen diese drei Krähen auf einer einsamen Straße vor mir, und ich fürchtete, sie wollten mich angreifen und umlegen. Ich hatte riesige Angst.

Damals hatte ich noch keine Ahnung davon, daß ich später bei den Partisanen in meiner IV. Gruppe und dann in der Brigade Carlo Rosselli russische Deserteure aufnehmen würde, die vielleicht genau aus diesem Ost-Bataillon 617 kamen.

23. Februar

Ich schicke Carlo eine Erklärung für das Einwohnermeldeamt Marburg und eine für das Amtsgericht in Marburg, in denen ich den Zweck meiner Nachforschungen erläutere.

Wie gewöhnlich stelle ich Carlo einige Fragen: «Die Bestätigung des Datums 14. Juni 1944 ist wichtig. Wenn ich richtig verstanden habe, taucht es in einem Protokoll des Vaters von Rudolf Knaut für das Deutsche Rote Kreuz auf. Oder täusche ich mich? Denn es ist von Pinerolo die Rede und nicht von Cuneo? Was bedeutet ‹Ordonnanz-Offizier› beim Bataillon 617? Übte Rudolf eine repräsentative, operative oder verwaltungstechnische Tätigkeit aus?»

25. Februar

Beim Pfarrer von San Rocco suche ich nach Spuren von Rudolf. Der Pfarrer ist jung, aber er hört geduldig zu. Er wird die Pfarrbücher durchgehen und sich melden, wenn er etwas findet.

27. Februar

Ein Brief von Carlo.

«[...] In den letzten Wochen habe ich durch Beamte der deutschen Archive die Stellung von Rudolf Knaut genauer klären können:

1) Das Grenadierregiment 116 (Gren. Rgt. 116), das in der Karte von R. Knaut als sein Einsatz-Truppenteil erscheint, lag tatsächlich in Marburg, dem Heimatort Rudolfs. Er war dort zu Friedenszeiten registriert. Nach den Informationen aus Aachen wurde R. K. sehr wahrscheinlich im Krieg bei einer anderen Einheit eingezogen.

2) Leider sind die Nachrichten aus Berlin nicht die besten. Die Unterlagen der Ost-Bataillone wurden unmittelbar nach Kriegsende von der sowjetischen Militärverwaltung beschlagnahmt und für Strafmaßnahmen gegen die Freiwilligen in der deutschen Wehrmacht verwendet. Die verschwundenen Dokumente sind mit großer Wahrscheinlichkeit in den Archiven der Roten Armee zu finden, beim Ministerium des Inneren oder beim KGB in Moskau. Aus Berlin habe ich die Information erhalten, daß Rudolf Knaut zur 11. Kompanie des 211. Grenadier-Bataillons gehörte. Das Bataillon gehörte zur 171. Reserve-Division, die in Belgien an der Küste zwischen Dünkirchen und Ostende stationiert war. Das Grenadier-Bataillon 211 war in dem kleinen Ort Dixmuiden nahe an der Nordsee stationiert. Rudolf Knaut gehörte dem Bataillon bis zum 2. November 1943

an. An diesem Datum wurde er nach Hannover in Marsch gesetzt, wo sich die Reserveeinheit des Bataillons befand. Von diesem Zeitpunkt an verlieren sich seine Spuren. Wahrscheinlich wurde er wenig später zum Ost-Bataillon 617 versetzt.[3]

3) Durch Informationen des Archivs in Freiburg habe ich erfahren, daß die Feldpostnummer auf der Photokopie mit dem Photo von R. K. seine Zugehörigkeit zum Stab des Ost-Bataillons 617 angibt.

Bisher habe ich keine Antwort auf meine Anfrage beim Deutschen Roten Kreuz in München bekommen. Hoffentlich werden sie innerhalb der nächsten Wochen von sich hören lassen.

Meiner Ansicht nach wäre es am besten, die Nachforschungen in verschiedene Richtungen weiterzutreiben. Die nächsten Schritte könnten so aussehen:

1) Briefe an die Moskauer Archive schicken. Ich bin dabei, mir die Adressen zu besorgen.

2) Nochmals nach Berlin schreiben, um alle dort vorhandenen Informationen über R. K. zu erhalten.

3) Auch das Berlin Document Center einbeziehen, um festzustellen, ob R. K. Mitglied der NSDAP oder der Hitlerjugend war.»

[3] Übersicht über die Dienstzeit von Rudolf Knaut (Mitteilung von Carlo Gentile vom März 1996):

Datum	Einheit	Einsatzgebiet
Sept.–Dez. 1939	11. Komp. Infanterie-Regiment 57 (9. Infanterie-Division)	Marburg; Pfalz
Jan.–Sept. 1940	Stab IV. Batl. Infanterie-Regiment 57	Eifel, Luxemburg, Belgien, Frankreich
Okt. 1940 – April 1941	III. Batl. Infanterie-Regiment 427 (129. Infanterie-Division)	Deutschland
April–Juni 1941	"	Ost-Preußen
21. Juni–Juli 1941	"	Raum Bialystok
Aug.–Sept. 1941	"	Raum Smolensk
Oktober 1941	"	Raum Wjazma
November 1941	"	Raum Kalinin
ab Dezember 1941	"	Raum Rshew
Sept. 1942–Febr. 1943	Wehrkreis-Unterfhr. Lehrgang I/IV	Dresden
April–November 1943	Stabskompanie Grenadier-Regiment 211 (71. Infanterie-Division)	Dänemark, Kärnten, Triest, Istrien
Anfang Nov. 1943–?	3. Kompanie/Grenadier-Regiment 974 (367. Infanterie-Division) bzw. Stammkompanie Grenadier-Ersatz-Bataillon 211	?
? – Juni 1944	Ost-Bataillon 617	Susa-Tal, Pinerolo, Cuneo

Ein weiterer Brief von Carlo. Wieder stelle ich fest, daß die deutschen Archive nicht so verstaubt sind wie die unsrigen.

«[...] Nachdem ich am Freitag, dem 21., das Antwortschreiben des Deutschen Roten Kreuzes und am Samstag Deinen Brief erhalten habe, will ich Dir nun das Material schicken und einige Anmerkungen dazu machen.

Der Buchstabe ‹A›, den ich Dir genannt hatte, bezieht sich nicht auf das ‹Gren. Rgt. 116›, sondern auf die Feldpostnummer für das Ost-Bataillon 617. Du mußt sie also nicht in den Unterlagen suchen, die Du im letzten Sommer aus Aachen erhalten hast, sondern auf der Personalkarte des Roten Kreuzes mit der Photographie von Rudolf, die ich Dir vor kurzem geschickt habe. [...]

Jetzt will ich noch einiges zu den Dokumenten des Roten Kreuzes sagen: Die Photographie stimmt mit der Photokopie überein, die ich Dir schon geschickt habe. Die anderen Dokumente sind der Antrag des Vaters, seinen Sohn für tot erklären zu lassen (1951), und die Karteikarte mit den Personaldaten von R. K., die beim Roten Kreuz aufbewahrt ist und vom Vater 1950 ausgefüllt worden war. Die darin enthaltenen Angaben sind für uns am wichtigsten [...].

Knaut Rudolf, Sohn von Wilhelm Knaut, geboren am 18. September 1920 in Marburg/Lahn, ledig, Student, ohne Beruf (er wurde wahrscheinlich während des Studiums oder kurz danach eingezogen), wohnhaft in Marburg/Lahn, Am Grün 15 (Adresse der Familie). R. K. war, wie wir schon wissen, Leutnant der Reserve und hatte die Feldpostnummer 07946 A (Stab Ost-Bataillon 617). Es folgt dann die falsche Angabe der Einheit (Sicherungsregiment); das Regiment war die Einheit, von dem das Bataillon 617 abhing (siehe dazu meinen Artikel im *Notiziario*[4]).

---

[4] Carlo Gentile, *Tedeschi in Italia. Presenza militare nell'Italia nord-occidentale*. In: *Notiziario dell'Istituto Storico della Resistenza in Cuneo e provincia*, Nr. 40, Dezember 1991, S. 15–56.

R. K. war beim Bataillonskommando als Ordonnanz-Offizier tätig. Nach den Informationen, über die ich verfüge, hatte ein Ordonnanz-Offizier im Bereich des Bataillonskommandos folgende Aufgaben: Vertretung des Bataillonsadjutanten, Aufrechterhaltung der Verbindung zur schweren Kompanie, er war Meldeoffizier und hatte den Nachbareinheiten und den vorgesetzten Dienststellen wichtige Meldungen zu überbringen [...]. Aus diesem Grund ist es nicht verwunderlich, daß Rudolf zwischen San Rocco und Borgo hin- und herritt, es gehörte vielmehr zu seinen Dienstpflichten.

Auf der Photokopie sind unten die Personaldaten des Vaters angegeben; Knaut Wilhelm, geboren am 7. Januar 1887 in Unhausen im Kreis Eschwege in Hessen (an der Grenze zur ehemaligen DDR), verheiratet, wohnhaft an derselben Adresse wie R. K. Es folgen die Angaben des Vaters über das Verschwinden von Rudolf. Die letzte Nachricht, die die Eltern erhalten haben, datiert von Ende Mai 1944 aus Italien (der Ort ist nicht näher genannt). Die letzte Nachricht durch Dritte über den vermutlichen Aufenthaltsort von R. K. gibt den 14. Juni 1944 und Pinerolo an, wo er ‹angeblich von Banditen überfallen und entführt› wurde. Mir fällt besonders das Datum des 14. Juni 1944 auf, das mit den Angaben einer Deiner Informantinnen übereinstimmt.[5] In Pinerolo war damals der Sitz des Regimentsstabs, zu dem das Bataillon 617 gehörte: Es kann sein, daß die Mitteilung an den Vater von dort kam, und daß der Vater ihn für den Ort hielt, wo sein Sohn verschollen war. Das sind die neuen Informationen. Bevor wir aber voreilige Schlüsse ziehen, würde ich gerne die Nachforschungen abschließen, oder wenigstens versuchen, genauere Angaben zu bekommen, bevor wir Hypothesen aufstellen. Wir haben schon mehrmals gesehen, wie neue Informationen voreilige Thesen zunichte gemacht haben, die uns als absolut zwingend erschienen waren.

5 Anna Aime.

Wenn Du einverstanden bist, werde ich nun folgende
Schritte unternehmen:
1) Nachforschungen in den Moskauer Archiven.
2) Auswertung aller Informationen, die wir durch das
   Rote Kreuz erhalten haben, und Formulierung eines
   Briefes an das Amtsgericht Marburg, um die Akte mit
   Rudolfs Todeserklärung zu bekommen, die vielleicht
   weitere nützliche Hinweise enthält. Einen weiteren
   Brief an das Einwohnermeldeamt Marburg schicken,
   um zu erfahren, ob es nicht doch noch lebende engere
   Verwandte gibt. Außerdem will ich am Geburtsort des
   Vaters nach noch lebenden Verwandten suchen. Falls die
   deutschen Behörden wegen des sehr strengen Datenschutzes Auskünfte verweigern sollten, könnten wir einfach nach Marburg fahren, und auf eigene Faust Nachforschungen anstellen [...].»

18. März

Anruf von Carlo. Er hat aus Marburg einige Dokumente erhalten, «die keinen Zweifel mehr lassen», und wird mir so
schnell wie möglich Kopien davon schicken. Ich warte
voller Spannung.
   Der Bruder von Rudolf Knaut ist in Rußland gefallen.

21. März

Shelley berichtet mir am Telephon von einem weiteren
Dokument aus Freiburg. Demnach war das Ost-Bataillon
617 vom November 1943 an in Italien zuerst im Susa-Tal,
dann in Pinerolo stationiert. Das Bataillon hatte eine Stärke
von 825 Mann, davon 67 Deutsche und 758 Russen.
   Ich informiere Shelley über das, was ich von Carlo erfahren habe. Die Nachricht, daß auch Rudolfs Bruder im
Krieg gefallen ist, bewegt sie sehr.

27. März

Endlich ist das Paket von Carlo aus Köln angekommen. Es enthält den handschriftlichen Antrag von Rudolfs Vater, seinen Sohn für tot erklären zu lassen[6] und andere Dokumente[7]. Mit großer Erschütterung lese ich gleich den Brief des Hauptmanns Lemberg an die Angehörigen von Rudolf.

Einsatzort, den 30.6.44

Sehr geehrte Familie Knaut!

Nach langem Überlegen und Warten muß ich Ihnen nun doch die Nachricht zukommen lassen, daß Ihr lieber Sohn seit dem 16.6.44 vermißt ist. Ich habe deshalb mit der Nachricht an Sie, werte Familie Knaut, gewartet, weil ich immer noch gehofft hatte, und auch heute die Hoffnung nicht aufgebe, daß Ihr lieber Sohn eines Tages doch wieder zurückkommt. Da es in der letzten Zeit häufig vorgekommen ist, daß deutsche Soldaten sowie auch Offiziere von den Banditen gefangen genommen, aber nach Abnehmen der Waffen wieder freigelassen wurden.
Ihr lieber Sohn verließ am 16.6. gegen 6.30 allein mit seinem Pferd die Unterkunft. Gegen 7.15 kehrte das Pferd allein zurück. In der Annahme, daß Ihr Sohn verunglückt sei, wurde ein verstärkter Zug angesetzt, um das Gelände zu durchstreifen. Durch Aussagen von Zivilisten ergab sich aber, daß Ihr Sohn von Banditen überfallen und auf einem LKW mitgenommen worden ist. In welcher Richtung der Wagen

---

6 Mit Datum 11. April 1951.   7 Besonders interessant ist die Mitteilung der Personalabteilung des Ost-Bataillons 617 vom 18. September 1944 an den Standortältesten von Marburg, in der der Bataillonsadjutant Leutnant Kock mitteilt, daß über den Verbleib des Vermißten Rudolf Knaut nichts festgestellt werden konnte, und daß mit «seinem Tode zu rechnen» sei.

gefahren ist, blieb unbekannt. Ich habe nun V-Leute angesetzt, um festzustellen, bei welcher Bande Ihr Sohn festgehalten wird, um dann mit dieser Gruppe in Verbindung zu treten.

In der Hoffnung, daß Ihr Sohn eines Tages doch noch zurückkommt, oder es mir durch Verhandlungen gelingt, Ihren Sohn freizubekommen, verbleibe ich, Ihnen alles Gute und das Beste für die Zukunft wünschend

Ihr
R. Lamberg[8]
Hauptmann
07946 A

Carlo ist angesichts der Dokumente aus Marburg überzeugt, daß nun «keine Zweifel mehr über die Identität des ‹einsamen Reiters› bestehen» können. «Natürlich werde ich noch nach Wegen suchen, die es uns erlauben könnten, die Persönlichkeit und die ‹Geschichte› von Rudolf Knaut besser kennenzulernen. Ich habe da schon einige Ideen, über die ich in Kürze in Cuneo mit Dir sprechen will. Du kannst Dir sicher vorstellen, daß mich die Entdeckung der Dokumente in höchste Aufregung versetzt hat [...].»

Carlo hat ganz recht: Wir sind am entscheidenden Wendepunkt. Immer wieder lese ich mir die Dokumente aus Marburg durch, die mich tief bewegen. Statt auf das erzielte Ergebnis stolz zu sein, bin ich eher traurig als zufrieden. Diese trockenen und schon etwas vergilbten Papiere gewähren mir Einblick in das Schicksal einer Familie, die der Krieg ausgelöscht hat. Sie schüchtern mich irgendwie ein, denn sie wirken wie die Blätter eines sehr persönlichen Testaments.

Hauptmann Lemberg trifft mit seinem realistischen und zugleich sehr mitfühlenden Brief fast die ganze Wahrheit.

8 Richtig: Lemberg (vgl. Anmerkung zum 27. März 1993).

Er nennt nie den Namen Rudolf, sondern spricht von «Ihrem lieben Sohn» und berichtet, daß er *allein* ausgeritten sei. Dann sei er «von Banditen überfallen und auf einem LKW mitgenommen» worden. Ein Lastwagen? Entweder hat Lemberg einer Fehlinformation geglaubt, oder er hat sich ihrer aus Mitleid bedient, um das Attentat weniger dramatisch erscheinen zu lassen. Die Vorstellung, das Pferd sei freigelassen worden, weil es störte, und Rudolf sei auf einem Lastwagen fortgeschafft worden, erscheint weniger grausam und läßt noch hoffen.

Das Datum 16. Juni. Wir haben bisher am 14. Juni festgehalten. Auch Rudolfs Vater hatte seinerzeit erklärt, er habe gehört, daß sein Sohn am 14. Juni verschwunden sei. Das Problem des genauen Datums wird sich vielleicht nicht mehr klären lassen.

Für das Ausbleiben der Repressalien ist die Version Lembergs überzeugend. Man hatte geglaubt, daß Rudolf noch am Leben sei, und man versuchte in erster Linie, durch Verhandlungen einen Gefangenenaustausch zu erreichen. Erst am 5. Juli machten das Attentat von Tetto Gallotto und die wütende Reaktion der Deutschen allen Hoffnungen ein Ende.

7. April

Im Institut findet ein Treffen mit Carlo Gentile, Lutz Klinkhammer[9], Shelley und Michele statt. Carlo verfügt wirklich über ein immenses Wissen. Ich frage ihn über die deutschen Einheiten und über die Ost-Einheiten in der Provinz Cuneo aus, und er kann alle Fragen ausführlich und präzise beantworten. Im Mittelpunkt unseres Interesses aber steht Rudolf Knaut, über den wir möglichst viel erfahren wollen.

9 Lutz Klinkhammer (geb. in Trier 1960), Universität Köln, Autor des Buches *Zwischen Bündnis und Besatzung. Das nationalsozialistische Deutschland und die Republik von Salò 1943–1945.* Tübingen 1993. Italienische Ausgabe Turin 1993.

14. April

Ich schreibe an Carlo, um ihm einige Dokumente aus meinem Archiv der Partisanenzeit zu übersenden. Sie betreffen zwei deutsche Soldaten, die im Winter 1943/44 im Grana-Tal erschossen wurden und vielleicht als «vermißt» gelten: «Dabei habe ich wieder mit großer Trauer an unseren Rudolf Knaut gedacht und daran, wie grausam und dumm der Krieg doch ist.»

25. April

Im Hotel *Alpino* in Pradleves. Nach dem Essen treffe ich mich mit Nino, Marco, Lino, Benvenuto und Oreste und berichte ihnen über den Stand meiner Nachforschungen. Alle sind erstaunt und meinen, ich hätte die berühmte Nadel im Heuhaufen gefunden. «Aber in einem deutschen Heuhaufen», gebe ich zurück, auch wenn es geradezu banal klingt. Dann erzähle ich von Christoph und Carlo, deren Hilfe entscheidend war, und schlage schließlich eine Zusammenkunft aller Freunde aus San Rocco vor, die bei meinen Nachforschungen besonders aktiv beteiligt waren. Bei dieser Gelegenheit werde ich ausführlich berichten. Nino übernimmt es, das Treffen so bald wie möglich zu organisieren.

2. Mai

Um 10 Uhr treffen sich die aktivsten Mitarbeiter alle bei Nino. Auch Michele ist anwesend, der keine Gelegenheit ausläßt, mir zu helfen.

Es war ausgemacht, daß ich einen Überblick über den Stand der Untersuchungen gebe, aber ich wollte zuerst das Problem der Namen angehen. Wir entscheiden, daß fast alle Zeugen mit ihrem wirklichen Vornamen, aber ohne Nachnamen genannt werden sollen.

Dann zeichne ich in großen Linien den Verlauf der Arbeit nach: die ersten Interviews, die einander widersprechenden Aussagen und unterschiedlichen Versionen. Wir haben bei Null angefangen, und erst im Laufe der Zeit wurden die Fakten allmählich glaubhaft. Schließlich haben die «schriftlichen Quellen» den entscheidenden Durchbruch gebracht.

Luigi, Giovanni und Battista schauen sich das Photo von Rudolf Knaut an:

– LUIGI: Er hatte ein etwas längliches Gesicht, ja, er kann es sein. Ich hätte ihn für älter gehalten, so um die 30–35.

– GIOVANNI: Ich habe ihn gesehen, da war er schon tot. Er hatte keine Jacke mehr an, aber auf dem Photo trägt er Uniform. Er hatte ein Loch hier auf der Stirn, der Kopf war leicht geneigt ... Das Gesicht war länglich, aber verlang' nicht zuviel von mir, Nuto. Dem Aussehen nach könnte er es sein, aber den Blick kann ich nicht wiedererkennen. Er war etwa 22 bis 24 Jahre alt.

– BATTISTA: Ja, ja, ja, er kann es sein. Er war blond, ein gutaussehender Mann. Er war höchstens 24 oder 25 Jahre alt. Er grüßte immer auf seine Art mit einer Handbewegung, das war alles. Wer war aber dieser höfliche Mann wirklich?

Es entwickelt sich eine angeregte Diskussion. Benvenuto fragt mich, warum Rudolf so viel Freiheit genoß. «Diese Frage stelle ich mir auch. Nur wenn jemand aus seiner Einheit bereit ist zu sprechen, werden wir die ganze Wahrheit erfahren. Die glaubhafteste Hypothese lautet bisher, daß er in seiner Funktion als Ordonnanzoffizier die Verbindung zwischen den Kasernen von San Rocco und Tetto Gallotto zu halten hatte und diese Gelegenheiten für seine Spazierritte nutzte.» Benvenuto hält dem entgegen, daß es Rudolf trotz seiner Aufgabe wohl kaum erlaubt war, in dem Partisanengebiet so viel zu riskieren. Oreste meint, der «einsame Reiter» habe einfach ein ruhiges Gewissen gehabt. Aber

Battista erinnert schließlich daran, daß der Krieg keine Rücksicht auf das Gewissen nahm ...

Das Gespräch dreht sich dann um den Ablauf des «Handstreichs». Mehrere, kaum miteinander vereinbare Versionen stehen einander gegenüber. Die einen behaupten, der «Schlag» sei geplant und organisiert gewesen, die anderen, daß es sich eher um ein zufälliges Zusammentreffen gehandelt habe. Alle aber stellen mir die Frage, wer die Urheber des Attentats waren. «Ihr verlangt etwas Unmögliches von mir. Ich habe zwei von ihnen getroffen, vielleicht sind es die einzigen Überlebenden, aber ich mußte schwören, nie ihre Namen zu nennen.»

Ich versuche, meiner Stimme nicht anmerken zu lassen, wie bewegt ich bin, als ich dann den Brief des Hauptmanns Lemberg und das Telegramm des Leutnants Kock vorlese. Am Schluß kann ich nur noch sagen: «Das ist die Geschichte dieses 14. oder 16. Juni.» «Eine Geschichte von so viel Leid», fügt Luigi hinzu, der als Junge das Gras, «das niemandem gehört», schneiden mußte, und der weiß, was Krieg bedeutet.

5. Mai

Antwort von Carlo auf meinen Brief vom 14. April. Er akzeptiert meine Vorstellung vom «guten Deutschen» nicht und fordert mich in aller Freundschaft auf, wieder auf den Boden der Tatsachen zurückzukehren.

«[...] Rudolf Knaut oder auch die zwei Fahrer, die in San Matteo erschossen worden sind[10], waren drei von Millionen Kriegstoten und gehörten sicher nicht zu den ganz unschuldigen Opfern. Der Tod von Rudolf war ‹dumm›, aber auch Rudolf trug die Uniform mit dem Adler des

---

10 Zwei Angehörige der deutschen Luftwaffe, die am 27. Dezember 1943 in der Nähe des Flughafens von Mondoví gefangengenommen und im Grana-Tal erschossen wurden.

Nazireichs. Wenn er damals nicht gestorben wäre, hättest Du ihm vielleicht am nächsten Tag oder in der nächsten Woche als Kommandanten eines Suchtrupps in Deinen Tälern gegenüberstehen können; oder wenn Du gefangengenommen worden wärest, hätte er vielleicht das Exekutionskommando befehligt. Das wäre damals alles möglich gewesen. Vielleicht war Rudolf Knaut wirklich ein ‹guter Mensch›, vielleicht war er kein Nazi und haßte den Krieg, aber es hätte auch anders gewesen sein können. Diese Dinge, das habe ich gerade von Dir gelernt, kann man nur teilweise aus den offiziellen Dokumenten entnehmen. Um diesen Fragen genauer nachzugehen, braucht man nicht nur andere Quellen, sondern auch Sensibilität und Erfahrung.

Rudolf Knaut war Offizier bei einem Bataillon, das ausschließlich zur Partisanenbekämpfung, und das heißt: auch gegen die Zivilbevölkerung eingesetzt wurde. Seine Funktion als Ordonnanzoffizier beinhaltete nicht direkt die Teilnahme an Operationen, aber es könnte sein, daß er manchmal in seiner Dokumententasche den Befehl zur Erschießung von Partisanen oder Geiseln und zum Niederbrennen von Häusern transportierte. Auch er war ein Rädchen in der großen Kriegsmaschinerie der Nazis, mit der sie den Krieg angefangen und ganz Europa in ihn hineingezogen haben.

Das Bataillon 617 war im Susa-Tal, bei Cuneo und in Canavese von Dezember 1943 bis zum Mai 1945 immer zur Bekämpfung der Partisanen eingesetzt. Dank der Fähigkeit der deutschen Offiziere und Unteroffiziere, die Disziplin aufrechtzuerhalten und die russischen Freiwilligen zu motivieren, hat das Bataillon bis zum Schluß seine Aufgabe erfüllt. Andere Einheiten haben sich aufgelöst, wie beispielsweise das Georgische Bataillon II/198, das wegen der vielen Desertionen, die seine Reihen lichteten, aus Piemont abgezogen werden mußte. Das 617 dagegen nicht. In diesem Zusammenhang wäre es wichtig, anhand der Originaldokumente, die leider nicht aufzufinden sind, die Geschichte dieses Bataillons genau zu studieren. Aber auch bei den Deserteuren, die auf die Seite der Partisanen übergingen, stellt sich die Frage, ob sie verstanden hatten, daß sie auf der falschen Seite kämpften, oder ob sie nur schlau waren und ihre Haut retten wollten, um als freie Menschen mit einer Bescheinigung eines Partisanenkommandos nach Hause zurückzukehren, statt zusammen mit ihren Familien in Sibirien zu enden. (Auch diese Entscheidung ist aus menschlicher Sicht durchaus verständlich.) Unzählige Soldaten, die von den Alliierten an die Sowjets ausgeliefert wurden, haben dieses Schicksal erlitten. [...]»

Carlo hat ganz recht, mich an die damalige Realität zu erinnern, auch wenn ich der Meinung bin, nichts von dieser Zeit, in der die Unmenschlichkeit an der Tagesordnung war, vergessen zu haben. Aber ich will einfach manchmal die Fesseln des Verstandes lockern und mit offenen Augen träumen. Wie oft habe ich in jenen finsteren Zeiten gedacht, daß im Krieg nicht die Schlechtesten, sondern die Guten den höchsten Preis zahlen müssen.

20. Juni

«Lieber Carlo,

ich hatte in letzter Zeit sehr viel zu tun, weil ich nie Nein sagen kann. Auf der einen Seite habe ich die Veranstaltungen in den Schulen, dann die Tätigkeit im Institut und dann die Prozesse gegen die Faschisten, von denen der Verleumdungsprozeß mit einer endgültigen Verurteilung in der Berufunsinstanz geendet hat. Dazu kommen noch die alltäglichen Aufgaben. Stell' Dir vor, in einem Ort in der Nähe von Turin hat man mich mit der *Fragolina d'oro* (der *goldenen Erdbeere*) ausgezeichnet. Das sind die literarischen Auszeichnungen, die ich erhalte! Von den ‹Landwirten› habe ich auch den *Agrestino d'oro* (die *goldene Traube*) und die *Castagna d'oro* (die *goldende Kastanie*) bekommen; sie ist klein und leicht wie eine Feder. Man wollte mir auch den *Porro d'oro* (den *goldenen Lauch*) verleihen, aber auf diese Ehre habe ich dann doch verzichtet.

Unser Rudolf. Du sagst mir in Deinem Brief sehr viel Wahres. Ich kann nicht ausschließen, daß Rudolf kein ‹guter Mensch› war, aber solange nicht das Gegenteil bewiesen ist, will ich daran glauben. Wie kann man mehr über ihn erfahren, jetzt, da Du ihn in diesem Meer von Papieren aufgetrieben hast? Wird es möglich sein herauszubekommen, ob Lemberg noch lebt oder Leutnant Kock oder irgendein anderer aus Rudolfs Einheit?

Vielleicht können wir mit Christophs Hilfe, der im Oktober aus Athen zurückkommt, doch die Dokumente in Marburg einsehen, die wegen des Datenschutzes unter Verschluß sind. Christoph kann sich als Professor für Rechtsgeschichte vielleicht mit Doktor Schmidt in Marburg einigen. Wäre es möglich, in Marburg eine kulturelle Institution, eine Vereinigung ehemaliger Soldaten oder eine Vereinigung von Angehörigen Gefallener ausfindig zu machen, die uns helfen könnten, Rudolfs Leben, seine Jugend und sein Studium zu rekonstruieren? Es wäre auch wichtig zu wissen, wann sein Bruder in Rußland gefallen ist. Vielleicht gibt es doch noch irgendeinen Verwandten, der das kleine ‹Familienarchiv› der Familie Knaut geerbt hat?

Aber ich verlange zuviel. Denn was wir erreicht haben, oder besser, was Du erreicht hast, ist schon viel [...].»

3. Juli

Ein Brief von Carlo.

«[...] Die Dokumente über Rudolf in Marburg sind nicht gesperrt. [...] Man kann sie beim Amtsgericht einsehen. Vor einigen Tagen habe ich den entsprechenden formellen Antrag gestellt, und ich bin sicher, daß wir binnen weniger Wochen Zugang erhalten werden.

Wegen Rudolfs Kameraden habe ich eine Liste mit ihren Namen und mit den Namen der Einheiten, außerdem eine kurze Beschreibung der Ereignisse (ohne allzu sehr ins Detail zu gehen) an zwei Vereinigungen ehemaliger Soldaten und Heimkehrer geschickt, mit der Bitte, sie in ihren Informationsblättern zu veröffentlichen. Vielleicht kommen wir auf diese Weise an einige Überlebende heran [...].»

6. Juli

Endlich habe ich die ersten vierzig Seiten des Tagebuchs ins Reine geschrieben und an Grazia geschickt. Sie glaubt an meine Art der Forschung und ermutigt mich immer zum Schreiben. Jetzt aber haben die «schriftlichen Quellen» eindeutig das Übergewicht bekommen, und ich muß warten, bis sie die in langen Jahren formulierten Hypothesen bestätigen oder widerlegen.

20. Juli

Ich bin in Verduno. Christoph ruft aus Athen an. Er ist obenauf, weil seine Arbeit gute Ergebnisse verspricht. Eine Zeitlang war er auf Kefallonia.[11] Bei mir hat er sich nach dem «einsamen Reiter» erkundigt, an den er immer wieder denkt. Im Oktober wird er endgültig nach Bremen zurückkommen.

---

[11] Eine der Ionischen Inseln westlich der Peloponnes. Im Bericht des Oberkommandos der Wehrmacht heißt es unter dem 24. September 1943: «Die mit Masse auf der Insel Kefallonia eingesetzte italienische Division Acqui hatte sich nach dem Verrat der Badoglioregierung geweigert, die Waffen zu strecken und die Feindseligkeiten eröffnet. Nach Vorbereitung durch die Luftwaffe traten deutsche Truppen zum Angriff an, brachen den Widerstand der Rebellen und nahmen die Hafenstadt *Argostolion*. Abgesehen von 4000 Mann, die rechtzeitig die Waffen niederlegten, wurde die Masse der aufrührerischen Division mit dem Divisionsstab im Kampf vernichtet.» (*Die Wehrmachtsberichte 1939–1945*. Unveränderter photomechanischer Nachdruck, München 1985. Band 2, S. 568.)

21. August

Ein Brief von Christoph aus Athen. Er schickt mir zwei schöne Schwarz-Weiß-Zeichnungen, auf der einen der Mond hinter Wolken, auf der anderen sein Arbeitstisch mit einer Petroleumlampe. Es ist immer ein gutes Zeichen, wenn Christoph mir etwas durch Zeichnungen mitteilt.

Hauptsächlich berichtet er über seine Arbeit. Aber am Schluß erinnert er sich an Rudolf: «Ich bin sehr froh, daß Carlo aus Köln weiterarbeitet. So können wir hoffen, Dich und Anna in Deutschland zu treffen. Du wirst irgendeinen entfernten Verwandten von Rudolf, einen Jugendfreund oder Waffenkameraden befragen, während Anna und ich die Bremer Stadtmusikanten besuchen ... Wir werden sehen. Ich hoffe sehr darauf, daß Carlo etwas findet, was für Dich von Interesse sein kann.»

3. September

Carlo und Martina sind in Cuneo. Leider werden sie schon heute wieder abfahren. Auf jeden Fall aber ist es uns gelungen, den Stand der Arbeit und unser weiteres Vorgehen zu besprechen. Carlo wird so bald wie möglich nach Berlin fahren, um seine Nachforschungen bei der Deutschen Dienststelle fortzusetzen.

16. Oktober

Ein Brief aus Köln. Carlo war in Berlin, um bei der Deutschen Dienststelle, der ehemaligen Wehrmachtauskunftsstelle, nach Angaben über Rudolf zu suchen.

«Über Rudolf habe ich nichts Neues erfahren. Aber ich habe herausgefunden, daß einige wenige Unterlagen über das Ost-Bataillon 617 existieren.

Hier die neuen Informationen:

- Kommandeur: Hauptmann Reinhold Lemberg (nicht Lamberg), geb. 1908
- Adjutant: Leutnant Heinrich Kock, geb. 1913
- Dolmetscher: Adolf Kock
- Chef der 2. Kompanie: Leutnant Josef Bucher, geb. 1911
- Chef der 3. Kompanie: Leutnant Schulze
- Chef der 4. Kompanie: Oberleutnant Leopold Riepl[12], geboren in Neuhaus/Oberdonau (Österreich) am 26. März 1916

Ein gewisser Herbert Bauer, geboren in Hoffnungstal in Bessarabien, wurde am 5. Juli 1944 mit Riepl zusammen verwundet und erlag am 7. Juli seinen Verletzungen.

Das Wichtigste aber ist, daß der Beamte, mit dem ich zu tun hatte, mir zugesichert hat, einen seiner Mitarbeiter mit der Suche nach Überlebenden des Bataillons zu beauftragen. [...] Du kannst also vielleicht bald Angehörige von Rudolfs Einheit befragen. Das Amt kümmert sich darum, einen Brief an die Betroffenen zu schicken, und wenn sie zur Mitarbeit bereit sind, werden wir ihre Adressen bekommen [...].»

26. Dezember

Mir kommt in den Sinn, daß ein Jahr vergangen ist, seit ich mit «Karl» telephoniert habe. Das finde ich merkwürdig, aber auch ein wenig traurig. Wir gehören beide der Generation der *«anni ruggenti»* an, und deshalb gestaltet sich der Dialog zwischen uns vielleicht schwieriger als erwartet. Ich hatte gehofft, wir könnten Freunde werden.

28. Dezember

Christoph ist in Cuneo.

12 Leopold Riepl wurde bei dem Attentat von Tetto Gallotto am 5. Juli 1944 tödlich verwundet. Vgl. Anmerkung 6 zum 2. Kapitel.

Heute morgen haben wir drei Stunden mit dem Studium der Dokumente und Aufzeichnungen und mit der Diskussion des bisherigen Verlaufs der Arbeit anhand meines Tagebuchs verbracht.

Christoph ist damit einverstanden, daß ich meiner Erzählung die Form eines Tagebuchs gebe, aber er ist unbedingt dafür, daß ich meine eigenen Kriegserlebnisse einbeziehe und sie auf keinen Fall ausklammere.

«Es ist vielleicht gerade die Konfrontation deiner eigenen Erfahrungen in Rußland mit dem, was unser ‹einsamer Reiter› wahrscheinlich erlebt hat, die dich dazu getrieben hat, dich dieser Forschung zu widmen. Dabei denke ich vor allem an deine Rückkehr aus Rußland und an das Wiedersehen mit deinem Vater. Du warst nicht mehr derselbe wie vor dem Krieg, sondern ein ganz anderer Mensch.»

Ich stimme Christoph darin zu, daß ich, als er zum ersten Mal nach Cuneo gekommen war, noch glaubte, der Deutsche müßte den Krieg ebenso traumatisch erlebt haben wie ich. Deshalb hatte ich mich mit ihm identifiziert: «Ja, ich war vollkommen verändert aus Rußland zurückgekommen. Nur die Auflehnung gab mir die Kraft zum Weiterleben. Aus übergroßer Liebe hat mich mein Vater an meine Orden erinnert, vielleicht weil er fürchtete, ich könnte mich als Verlierer fühlen. Auf dem Rückzug nach dem katastrophalen Zusammenbruch der Front hatten viele von uns versucht, mit den Einheimischen ins Gespräch zu kommen, mit den Leuten in den Hütten, in denen wir unterkamen. Das war die einzige Möglichkeit, sich ans Leben zu klammern.»

«Genau das sind die Dinge, die du schreiben mußt, Nuto. Als wir uns bei Marco am Abend nach dem Kongreß in Turin kennengelernt haben, war ich sofort beeindruckt von der Art, wie du von dem ‹einsamen Reiter› gesprochen hast. Du hast erzählt, und ich sah den blonden Reiter auf seinem weißen Pferd vor mir, denn wenn der Reiter blond war, dann mußte das Pferd weiß sein. Dieser ‹gute Deutsche›, der mit den Leuten sprach, sich mit den Kindern unterhielt und ihre kleinen Köpfe von seinem Pferd herab streichelte. Vielleicht hast du aber gar nicht gesagt, daß er die Kinder streichelte ...»

«Nein, das habe ich nicht gesagt. Damals glaubte ich allerdings noch, daß der Deutsche ein anständiger Mensch war und daß er ab und zu auf der Tenne eines Hofes haltgemacht hat, um mit den Kindern ein paar Worte zu wechseln. Die Geschichte mit den Kindern stimmte aber nicht und hat sich bald in nichts aufgelöst.»

«Ja, diese Legende. Am meisten aber hat mich beeindruckt, daß ausgerechnet du als ehemaliger Partisanenkommandant von dem ‹guten Deutschen› sprachst. Ich sagte mir damals: ‹Den muß man ausfindig machen. Dieser seltsame Partisanenkommandant wird niemals nach Freiburg gehen und in den deutschen Archiven suchen. Ich muß ihm helfen.› Deshalb bin ich nach Cuneo gekommen.»

Wir sind dann unsere späteren Begegnungen noch einmal durchgegangen und haben noch einmal das Auf und Ab von Hoffnung und Enttäuschung durchlebt, vor allem die Entdeckung der Dokumente in Freiburg und Christophs ersten Besuch im Archiv in Berlin, in jenem «großen Palast» voller Papiere, die Leben und Schicksal von Millionen von Menschen aufbewahren.[13]

---

13 Nach den Daten der Deutschen Dienststelle (WASt) in Berlin gab es folgende deutsche Verluste im Zweiten Weltkrieg (Stand 1989):

Streitkräfte	
Gefallene (Deutschland und Österreich)	3100000
Verschollene (Deutschland und Österreich)	1200000
Zivilbevölkerung (bis ca. Dezember 1944)	524300
Verluste durch Vertreibung aus den Ostgebieten, durch Bomben und Kampfhandlungen in der Endphase des Krieges (1945)	2251500
Verluste der deutschen Bevölkerung durch rassische, politische und religiöse Verfolgung (einschl. deutsche Juden)	300000
Gesamtverluste	7375800

Christoph erinnert sich vor allem an die Begegnung mit «*Madamina*[14] Teresa» und Benvenuto. Aber ich bin froh, daß er damals sehr müde war, und daß wir Dialekt sprachen: «Die Beschreibung der Überreste dieses armen Menschen hat mich ziemlich mitgenommen.»

Lange betrachten wir dann Rudolfs Photo und versuchen, mehr zu sehen als nur die Oberfläche.

Am Nachmittag gesellt sich Michele zu uns, und wir diskutieren noch einmal zwei Stunden vor allem über die deutschen Archive, die mir zuerst durch Christoph, dann durch Shelley und schließlich durch «Carlo aus Köln» nahegebracht und fast vertraut geworden sind.

14 Piemontesisch «Frau».

1993
Epilog zu einer «aussichtslosen Spurensuche»

20. März

Anruf von Carlo. Er kündigt einen Brief aus Berlin an unser Institut an, von dem er schon eine Kopie bekommen hat. Berlin teilt mit, daß Lemberg und Kock vor vielen Jahren gestorben sind. Drei Angehörige des Ost-Bataillons 617 sind noch am Leben, aber wir können Namen und Adressen nur mit Zustimmung der Betroffenen erhalten. Nach Carlos Ansicht ist es «angesichts der jüngsten Anklageerhebung durch die deutsche Staatsanwaltschaft gegen die Verantwortlichen des Massakers von Caiazzo[1] unwahrscheinlich, daß die Überlebenden des Ost-Bataillons 617 aus der Anonymität herauszutreten und über ihre Einheit und Rudolf Knaut zu sprechen bereit wären. Sie werden Angst haben und lieber vorsichtig sein.»

27. März

Ein Brief von Carlo an mich und Michele.

«Endlich habe ich Post aus Berlin erhalten. Leider sind Lemberg und Kock seit langem tot.[2] [...]

Das Berlin Document Center (ein amerikanisches Archiv, in dem Tausende von Akten über Mitglieder der SS und der NSDAP aufbewahrt sind) hat mir mitgeteilt, daß sie keine Akte über Rudolf Knaut besitzen. Das bedeutet, daß unser Rudolf mit ziemlicher Sicherheit nie Mitglied der NSDAP oder einer ihrer Unterorganisationen war.

---

1 Am 13. Oktober 1943 ermordeten Wehrmachtsangehörige, die sich auf dem Rückzug nach Norden befanden, bei Caiazzo oberhalb von Caserta 22 Zivilisten, großenteils Frauen und Kinder. 2 Reinhold Lemberg, geboren am 20. November 1908 in Gaablau bei Landeshut, ist am 15. Juli 1974 in Neuss gestorben; Heinrich Kock, geboren am 28. Mai 1913 in Hamburg, starb daselbst am 28. Juni 1973.

Aus Kassel habe ich vom Einwohnermeldeamt folgende
Daten über die Familie Knaut erhalten:
1) Großeltern väterlicherseits und mütterlicherseits [...]
2) Rudolfs Familie:
   Vater: Wilhelm Knaut, geboren am 7. Januar 1887 in Unhausen, gestorben am 28. September 1972 in Marburg,
   evangelisch, Steuerinspektor, während des Ersten Welt-
   kriegs Feldwebel beim 83. hessischen Infanterieregi-
   ment.
   Mutter: Anna Gertrud Elisabeth Ziegler, geboren am
   6. Juli 1892 in Kassel, gestorben am 24. September 1981 in
   Marburg, evangelisch. Der Beruf ist nicht angegeben,
   wahrscheinlich Hausfrau.
   Bruder: Karl Wilhelm Knaut, geboren am 14. Februar
   1916 in Kassel und am 25. Juli 1943 in Rußland gefallen.

Die Familie Knaut lebte in Kassel. [...] Rudolfs Mutter und
der ältere Sohn Karl zogen am 25. September 1919 nach
Marburg um [...].

Christoph Schminck-Gustavus hat mich vor einigen Tagen
angerufen. Wir haben über Rudolf Knaut gesprochen und
vereinbart, im Mai wieder zu telephonieren, um eventuell
einen ersten Lokaltermin in Marburg zu vereinbaren. [...]»

26. April

Christoph ist auf Einladung von Lidia Rolfi zu einer Veranstaltung über *Razzismo e persecuzioni in Europa* (*Rassismus
und Verfolgungen in Europa*) am 23. April nach Mondoví gekommen.

Den 25. hat er mit uns im Grana-Tal in Saretto di Monterosso verbracht, wo trotz Regen und Schnee über 80 ehemalige Partisanen zusammengekommen sind. Luigi ist aus
Crema gekommen, Sandrino aus Molare, Ercolino aus Genua, Giacomo aus Cassine, Beppe und mehrere andere aus

Turin, Checca und Aldo aus Alba, Guido, Piera und Fabio aus Brescia. Wie immer hat der Lärm während des Mittagessens beinahe jedes ernsthafte Gespräch unmöglich gemacht.

Auch meine Freunde Lino, Marco, Nino und Oreste aus San Rocco waren da. Ich habe sie Christoph vorgestellt, der sich sehr freute, sie kennenzulernen.

Am Nachmittag um 5 Uhr Ankunft in Cuneo. Ich erzähle Christoph, daß ich aus der *Stampa* die Nachricht einer Veranstaltung über Beppe Fenoglio in Alba am 4. April entnommen habe. Bei dieser Gelegenheit hat Beppes Schwester Marisa einen Beitrag von Bodo Guthmüller von der Universität Marburg vorgelesen.[3] Ich bitte Christoph, Guthmüller ausfindig zu machen, der uns vielleicht bei unseren Nachforschungen behilflich sein kann.

10. Mai

Nachrichten aus Bremen. Christoph hat mit Professor Guthmüller gesprochen, der gerne bereit ist, uns zu helfen.

Auf Anregung von «Carlo aus Köln» will Christoph außerdem versuchen, sich telephonisch mit einem gewissen Herrn Knaut aus Kassel in Verbindung zu setzen, in der Hoffnung, daß es sich um einen Verwandten von Rudolf handelt.

20. Mai

Heute morgen hat mir Marcello Venturi aus Acqui mitgeteilt, daß sein Freund Bodo Guthmüller meinen Anruf erwartet: «Er hat deinen Deutschen gefunden und will dir einige wichtige Informationen geben.»

Um 9 Uhr abends spreche ich mit Professor Guthmüller, der von Christoph schon alles über unsere Arbeit weiß. Er ist sehr freundlich, und er wird uns eine große Hilfe sein.

---

3 Professosr Bodo Guthmüller, Institut für Romanische Philologie der Philipps-Universität Marburg.

Er hat schon eine erste Nachforschung in Gang gesetzt. Aus den Schularchiven geht hervor, daß Rudolf im Jahr 1938 das Abitur gemacht hat. Danach wurde er eingezogen. Am 9. Mai 1942 schrieb er sich an der juristischen Fakultät der Universität Marburg ein. Im August wurde er zum zweiten Mal eingezogen. Ein Cousin von ihm wohnt etwa hundert Kilometer von Marburg entfernt. Es leben noch einige Schulkameraden von Rudolf in Marburg.

25. Mai

Nachrichten aus Bremen. Christoph schickt mir den mitgeschnittenen Text seiner Telephonate nach Kassel, Detmold und München.

Ein Cousin von Rudolf beginnt das Gespräch mit folgenden Worten: «Oh ja, Rudolf. Er war der jüngere der beiden Brüder. Beide sind im Krieg gefallen, der ältere in Rußland, der jüngere in Italien. Rudolf war ausgeritten und ist von seinem Erkundungsritt nicht zurückgekehrt.»

Der Cousin wußte nicht, daß Rudolf in der Nähe von Cuneo verschollen ist, und bestätigt Christophs Vermutung: «Gewiß war er nicht vom Krieg begeistert. Eher genau das Gegenteil.»

Um mehr zu erfahren, soll er, so schlägt der Cousin dann vor, seine Schwester E. anrufen, weil sie Rudolfs Eltern oft besuchte.

Frau E. bringt mit bewegten Worten ihre ganze Bewunderung für die Familie Knaut zum Ausdruck. Auch sie wußte nicht, daß Rudolf in der Nähe von Cuneo im besetzten Italien und nicht an der Front verschollen ist. «Das alles wußte ich nicht. Die Eltern von Rudolf haben nie darüber gesprochen. Sie behielten ihren Schmerz ganz für sich. Ihre Söhne waren wunderbar.»

Auf Christophs Frage, welche Erinnerungen sie an Rudolf hat, gibt Frau E. spontan zur Antwort: «Er war ein ruhiger Junge, sehr ruhig, er drängte sich nie in den Vordergrund. Ich glaube nicht, daß er sich irgendwie politisch betätigt hat. Ganz ausgeschlossen. Nicht einmal mein Onkel. Absolut nicht. Die Knauts waren eine gutbürgerliche Familie, anständige Leute.»

«Woher wissen Sie, daß Rudolf den Befehl zu einem Erkundungsritt hatte?»

«Ich glaube, seine Mutter hat es mir gesagt. Sie sagte mir, er sei von diesem Erkundungsritt nicht mehr zurückgekommen, und das Pferd sei allein zur Truppe zurückgekehrt. Daß Rudolf in einer Kaserne lag, wußte ich überhaupt nicht.»

Christoph wird den Text des Mitschnitts auch an Carlo nach Köln schicken, «damit er weiß, daß er mich auf die richtige Fährte gebracht hat».

«Gestatte mir noch eine Anmerkung. Das Bild von dem ‹einsamen Reiter›, der die Kinder streichelt und in seiner Freizeit Bach spielt, löst sich in nichts auf. Realistischer dagegen scheint mir inzwischen die These, daß Rudolf Patrouille ritt. Besser den Tatsachen ins Gesicht sehen, als den Vorstellungen in unseren Köpfen nachhängen. Was aber tun wir ohne diese Vorstellungen?»

9. Juni

Obwohl er wußte, daß Guthmüller nicht in Marburg war, hat Christoph vor einigen Tagen einen Umweg von zweihundert Kilometern in Kauf genommen, um das Haus der Familie Knaut zu sehen.

«Marburg ist größer, als ich dachte», so sein ausführlicher Bericht. «Es ist umgeben von Wäldern, aber durch viele Straßen, Autobahnen und Schnellstraßen mit dem Umland verbunden.»

Dann beschreibt er mir die Straße Am Grün in der Nähe der Universitätsstraße, wo Rudolf wohnte.

«Ein paar Häuser vor Rudolfs steht ein wunderbares altes Haus, Nr. 40, mit Holzfiguren an der Fassade. [...] Da-

neben befindet sich ein roter Ziegelbau aus dem 20. Jahr-
hundert, im Erdgeschoß das Schaufenster einer Buchhand-
lung *Roter Stern*, die zu einem Verlag einer maoistischen
Gruppe gehört, die aus der Studentenbewegung hervorge-
gangen ist. Ich wußte gar nicht, daß er noch existiert. Aber
Marburg ist eine Universitätsstadt. [...]

Das Haus von Rudolf ist Am Grün 15, ein einfaches grün
gestrichenes, vierstöckiges Haus. Neben dem Eingang hängen, halb abgerissen, zwei Plakate mit der Aufschrift: ‹Ob
Kinder oder keine, entscheiden wir alleine!› mit dem Symbol
der Frauenbewegung. Sie beziehen sich auf die jüngste Entscheidung des Verfassungsgerichts zum Abtreibungsverbot.
Dann noch ein Plakat: ‹Demo gegen Rassismus und Ände-
rung des Asylrechts›. In der Fassadenmitte befindet sich ein
großer Balkon aus Holz, auf den am Nachmittag die Sonne
fällt. Dort hat die Familie Rudolfs vielleicht im Sommer Tee
getrunken. Vor dem Haus liegt ein Gemüsegarten, der von
einem Holzzaun umgeben ist. Das Deutschland von damals.
Sicher hat Rudolfs Mutter diesen Garten bestellt [...].»

21. Juni

Ich schreibe an Guthmüller: «Es ist wirklich wahr, daß die
Welt klein ist und manchmal der Zufall eine entscheidende
Rolle spielt. Nie wäre es mir in den Sinn gekommen, daß ich
eine so wertvolle Hilfe gerade in Marburg finden würde.»

Ich schließe mit einem Hinweis auf meine Untersuchung: «Bis jetzt weiß ich vor allem etwas über das Leben
von Rudolf Knaut als Soldat. Aber ich möchte mehr wissen. Mich interessiert die Umgebung, in der Rudolf geboren und aufgewachsen ist. Mich interessiert alles über ihn.»

31. Juli

Nachrichten von Professor Bodo Guthmüller, der mit Hilfe
seiner Assistentinnen schon einige der Freunde Rudolfs befragt hat.

Den Akten des Staatsarchivs Marburg sind folgende Angaben zu entnehmen:

Rudolf Knaut hat im Frühjahr 1938 in Marburg das Abitur abgelegt. Vom 1. April bis zum 27. November hat er am Arbeitsdienst teilgenommen. Am 17. Oktober 1938 wurde er eingezogen. Am 9. Mai 1942 schrieb er sich an der Juristischen Fakultät in Marburg ein. Wenig später, am 26. August, wurde er wieder eingezogen. Als Jugendlicher war er seit dem 1. Januar 1934 Rottenführer bei der Hitlerjugend. Er war nie Mitglied der NSDAP.

Frau E. G., die im selben Haus wohnte, wo Rudolfs Mutter am 24. September 1981 starb, erinnert sich, daß das Ehepaar Knaut nach dem Tod der beiden Söhne ein sehr zurückgezogenes Leben führte.

Ein Cousin von Rudolf ist noch am Leben und wäre zu einer Aussage bereit.

Oberstudienrat Dr. Dietrich Rieth, ein Schulkamerad von Rudolf, erinnert sich, daß er «ein sehr zurückhaltender, immer freundlicher und ehrlicher Junge war».

Ein anderer Schulkamerad beschreibt ihn als «nicht sehr sportlich und der NSDAP gegenüber skeptisch eingestellt».

Oberstudienrat Hermann Wilser, ein «Freund und Waffenkamerad» von Rudolf, ist der wichtigste Zeuge. Er erinnert sich an ihn als einen «ganz normalen jungen Mann, aber er war Individualist. Manchmal war er etwas leichtsinnig, manche Gefahren nahm er nicht recht ernst.»

Wilser hat mit Rudolf am Arbeitsdienst teilgenommen. Dann war er mit ihm in Frankreich und schließlich in Rußland[4] bei einer Infanterie-Fernmeldeeinheit. Frank-

---

4 Aus dem Brief von Carlo Gentile vom 7. November 1993: «Rudolf Knaut gehörte nach seiner Teilnahme am Frankreichfeldzug im April 1941 der 129. Infanteriedivision in Hanau an. Dann nahm er am «Unternehmen Barbarossa» teil. Seine Einheit war auf folgender Route eingesetzt: Bialystok (Juni-Juli 1941); Smolensk (August-September); Wjasma (Oktober); Kalinin (November). Ab Dezember 1941 lag die Einheit in der Gegend von Rschew.»

reich: «In einem Schloß war kein Wasser, aber es gab genug Wein. Knaut machte den Vorschlag, wir sollten uns die Füße in Champagner waschen. Ein anderes Mal entdeckte er in einem Schloß südlich von Blois im Keller den ältesten Cognac, es war Jahrgang 1806!»

Nach der Rückkehr aus Rußland erhielt Rudolf für das Sommersemester 1942 die Erlaubnis, das Studium aufzunehmen. Während er mit Wilser in Marburg in einer Fernmeldeeinheit war, schrieb er sich für einen Offizierslehrgang ein; er wollte Reserveoffizier werden. Am 2. Juli 1943 war er Offiziersanwärter der 11. Kompanie. Im Juli 1943 war er mit Wilser in Dänemark, und damals teilte er ihm mit, daß sein Bruder in Rußland gefallen war.[5] Ende August wurden Rudolf und Wilser nach Italien verlegt, wo sie an der Entwaffnung der italienischen Soldaten in Triest teilnahmen. Im Herbst 1943 konnte Knaut endlich den Offizierslehrgang beginnen (Wilser dagegen hatte sich anders entschieden). Der Lehrgang dauerte drei oder vier Monate, und Rudolf wurde Anfang 1944 Leutnant der Reserve. Nach Beendigung dieser Schule bekam er für kurze Zeit Urlaub, wurde dann aber wiederum nach Norditalien versetzt, von wo er an Wilser schrieb. Die Briefe sind allerdings nicht erhalten. Rudolfs Eltern erzählten Wilser, daß seine Vorgesetzten Rudolf wegen der Ausritte Vorwürfe gemacht hatten. Nach dem Tod des Bruders waren die Eltern Rudolfs zu Gegnern des Nationalsozialismus geworden.

9. August

Carlo hat wirklich eine unendliche Geduld. Wieder antwortet er auf alle meine Fragen.

«[...] Ich glaube, daß sowohl Christoph als auch Guth-

---

5 Wilhelm Knaut, Oberleutnant der Reserve, gefallen am 25. Juli 1943 in der Nähe von Bogorodirkoje im Verlauf der Schlacht von Kursk-Orjol.

müller die richtige Richtung einschlagen, um noch wesent-
liche Zeugenaussagen zu erhalten. [...]

Ich habe inzwischen die Hoffnung verloren, daß sich
noch Kameraden von Rudolf melden könnten. Es ist
schade, aber bei näherem Hinsehen nicht verwunderlich.
Die Aktivitäten des Ost-Bataillons 617 hatten überhaupt
nichts Heldenhaftes, sondern folgten im Gegenteil der
Monotonie des Garnisonslebens. Ein bißchen Exerzieren,
einige Patrouillen, Wachdienste und dazwischen einige
Operationen. Suchaktionen, Gefechte, Verfolgung von Partisanen in den Bergen, Drangsalierungen der Zivilbevölkerung und Erschießungen. Sicher handelt es sich nicht um
Tätigkeiten, die ‹alte Krieger› mit Stolz und Sehnsucht er-
füllen können, so daß sie sich gerne an die alten Zeiten erinnern. Außerdem bin ich überzeugt davon, daß sie Angst
haben, für irgend etwas angeklagt zu werden, obwohl ich in
meinem Brief nach Berlin alles, was einen solchen Verdacht
erregen könnte, zu vermeiden suchte. Leider haben wir,
wenn sie sich nicht von selbst melden und ohne die Hilfe
aus Berlin, keine Möglichkeit, sie zu erreichen. Auch wenn
wir Namen und Geburtsdatum hätten, wäre es praktisch
unmöglich, an ihre heutigen Adressen heranzukommen.

Du hast mich gefragt, ob es möglich ist, die Geschichte
des Bataillons 617 nachzuzeichnen. [...]

Das Bataillon 617 wurde am 28. April 1942 an der Ost-
front beim Kommandanten rückwärtiges Armeegebiet der
Heeresgruppe Mitte eingerichtet. Dem Bataillon gehörten
Ukrainer oder Russen an, oder vielleicht sowohl Ukrainer
als auch Russen, das weiß ich nicht genau. Als die Ost-Bataillone 1944 nach ihrer ethnischen Zusammensetzung neu
benannt wurden, erhielt es den Namen Russisches Bataill-
lon 617. Die Soldaten wurden unter den Gefangenen der
Sammellager rekrutiert, die den schrecklichen Winter
1941/42 überlebt hatten. Hunderttausende sowjetischer
Kriegsgefangener waren in diesen Monaten durch Hunger,
Kälte und Krankheiten umgekommen. Zu den Bataillonen

gehörten auch diejenigen, die als Freiwillige zu den Deutschen übergelaufen waren, und in sicherlich geringer Zahl junge Leute aus der Gegend. [...]

Das Bataillon erreichte in einer Gesamtstärke von 825 Mann, davon 67 Deutsche und 758 Russen, am 16. Dezember 1943 Susa und wurde zur Überwachung der Eisenbahnlinie eingesetzt. Am 26. Dezember wurde die 4. Kompanie unter Oberleutnant Riepl nach Cuneo verlegt und nahm zusammen mit anderen Ost-Einheiten und der Luftwaffe an den ‹Säuberungen› und Gefechten zwischen Ende Dezember 1943 und Januar 1944 teil (Boves, Barge, Grana-Tal usw.). Am 25. Februar 1944 war die Einheit in Garessio in ein Scharmützel mit ‹autonomen› Partisanenverbänden aus dem Casotto-Tal verwickelt, am 12. März in Villafalletto (die Geschichte mit dem Angriff auf die Villa des Grafen Falletti, wenn ich mich nicht irre). Anscheinend nahm die Kompanie nicht an der ‹Säuberung› im Casotto-Tal im März 1944 teil, sondern an der im Maira- und im Varaita-Tal um den 25. März herum. Im April war die 4. Kompanie des Bataillons 617 an den ‹Säuberungen› im Pesio-Tal und im Stura-Tal beteiligt. [...] Nach den Unternehmen im April wurde das georgische Bataillon II/198 ins Susa-Tal verlegt, um das Bataillon 617 abzulösen, das damit in voller Stärke in Cuneo anwesend war. Die Standorte der Kompanien waren damit folgendermaßen: Die 1. und 4. Kompanie waren zur Ausbildung in San Rocco Castagnaretta, die 2. und 3. in Borgo San Dalmazzo. [...]

Um den 30. Mai wurde die 3. Komapanie des Bataillons 617 nach Verrès/Pont Saint-Martin und nach Caluso verlegt. Anfang Juni und zwischen dem 20. und 23. des Monats führte die 2. Kompanie einige kleinere ‹Säuberungen› in der Umgebung von Cuneo durch; Mitte des Monats wurde Rudolf getötet und im Juli Leopold Riepl. Die 2. Kompanie und wahrscheinlich auch die übrigen Einheiten des Bataillons lagen im September noch in der Gegend von Cuneo. Bei Bonvicino fand ein Angriff der Partisanen statt, auf der

Seite des Bataillons gab es 5 Tote, 13 Verletzte und 3 Vermißte. 1945 befand sich das Ost-Bataillon 617 in der Nähe von Ivrea, von wo aus es zusammen mit dem aus Frankreich gekommenen Ost-Bataillon 406 dem LXXV. Armeekorps zugeordnet wurde. Zum Zeitpunkt des Rückzuges betrug die Gesamtstärke der beiden Bataillone, die dem Sicherungsregimentsstab 38 unterstellt waren, 667 Mann. Anscheinend hat es eine große Zahl von Desertionen gegeben. [...]»

10. August

Christoph ruft mich aus Bremen an und schlägt ein Treffen mit Guthmüller in Marburg vor.

Ich lehne ab: «Nein, Christoph, lassen wir uns Zeit. Durch Guthmüller werde ich vielleicht noch weitere Antworten auf meine Fragen erhalten. Jetzt muß man erst das ‹Dreieck› Bremen, Köln, Marburg zum Funktionieren bringen. Dann können wir über das weitere Vorgehen entscheiden.»

26. August

Auch Carlo drängt mich in einem Brief vom 18. August, nach Marburg zu fahren.

«[...] Die Informationen und die Augenzeugenberichte, die Professor Guthmüller sammeln konnte, erscheinen mir sehr wichtig. Sie fügen nicht nur weitere Steinchen in Dein Mosaik, sondern eröffnen auch neue Perspektiven für weitere Nachforschungen über Rudolfs Vergangenheit, seinen Charakter, seine Militärlaufbahn, seine Skepsis gegenüber der NSDAP. Sehr wesentlich sind sicher auch Photographien und vielleicht, sofern sie existieren, Briefe an die Familie. Ich persönlich glaube, daß Dein Besuch in Deutschland, auch wenn Du ein ‹Taubstummer› wärest, von größter Wichtigkeit ist. Christoph, Bodo Guthmüller und ich werden Dir für ein paar Tage als Deine ‹Musketiere› oder, wenn

Dir das lieber ist, als Deine ‹Paladine› Ohr und Mund erset-
zen. Ich halte dies für notwendig, damit die persönlichen
Bekannten und Verwandten von Rudolf, mit denen wir
nun in Kontakt getreten sind, wissen und sehen, wer Du
bist. Denn auch für sie handelt es sich um eine Vertrauens-
sache. In diesem Sinne haben Christoph und Bodo Guthmüller recht, und ich schließe mich ihnen an, Dich zu drängen, hierher zu kommen. [...]»

6. September

Aus Marburg antwortet Professor Guthmüller auf meine
Fragen:
1) Wilser hat Rudolf Knaut schon vor dem Krieg gekannt.
   Außerdem bestanden zwischen den Familien Wilser und
   Knaut freundschaftliche Beziehungen.
2) Knaut stand der NSDAP skeptisch gegenüber, aber nicht
   skeptischer als seine Klassenkameraden.
3) Bevor er sich für den Offizierslehrgang einschrieb, war
   er Unteroffizier. Auf der ‹Kriegsschule› wurden Offiziere
   ausgebildet.
4) Es besteht kein Zusammenhang zwischen dem Tod von
   Rudolfs Bruder und seiner Entscheidung, Reserveoffizier zu werden. Diese Entscheidung hatte er schon vor
   dem Tod des Bruders gefällt.
5) Die Einstellung Knauts zum Krieg unterschied sich
   nicht wesentlich von der anderer Soldaten. Wilser hält es
   für nicht sehr wahrscheinlich, daß Knaut mit seinen
   Ausritten absichtlich den Tod gesucht habe, denn er war
   voller Lebensfreude. Aber Wilser weiß natürlich über
   Knauts Lebensbedingungen in der Kaserne von Cuneo
   nicht Bescheid.
6) Knaut konnte nicht russisch. Wahrscheinlich wurde er
   nicht befragt, als er zum Ost-Bataillon 617 versetzt
   wurde.
   Guthmüller will, daß ich nach Marburg komme: «Sie

werden sehen, daß Sie in keiner Weise ‹taubstumm› sein müssen. Die Italianisten Marburgs würden Sie liebend gern begleiten.» Was mich abhält, ist die Angst davor, neue Nachforschungen zu beginnen, «Nachforschungen innerhalb der Nachforschungen». Ich wollte nicht in intime Familienangelegenheiten der Knauts eindringen, ich will nicht weiter alles wissen. Außerdem habe ich die Befürchtung, mich allzu sehr an Rudolf zu binden. Erst wenn die Arbeit abgeschlossen ist, werde ich nach Marburg fahren.

10. September

Ein Brief von Christoph vom 1. September:

«Lieber Nuto, ich merke, daß heute ein schlechtes Datum ist, aber ich möchte Dir gerade heute schreiben.[6] Unter dem Motto ‹Nie wieder!› fanden in den achtziger Jahren an diesem Datum in Deutschland große Demonstrationen statt. Auch in Bremen, wo es immer eine starke Friedensbewegung gab, war die Stadt sonst voller Menschen, und die Demonstrationen dauerten Stunden. Die Demonstrationen waren voller Enthusiasmus und Phantasie, fast spontan und deshalb so schön. Heute dagegen nichts. Irgendeiner unserer Politiker wird drei oder vier belanglose Worte sagen. Auf dramatische Weise haben sich die Zeiten geändert. Wir aber fahren fort. [...]

Die ‹Nachforschungen innerhalb der Nachforschungen›. Die Angst, daß es nie aufhört ... Es kostet wirklich viel Anstrengung zu sagen: ‹Jetzt ist es genug.› [...]

Ich würde eine salomonische Lösung vorschlagen. Du betrachtest die Untersuchung als abgeschlossen, aber Carlo, ich und Guthmüller werden die Arbeit auf eigene Faust fortsetzen. Wenn wir etwas herausbekommen, werden wir es Dich wissen lassen. [...]

6 Bezieht sich auf den deutschen Überfall auf Polen am 1. September 1939 und den Beginn des Zweiten Weltkrieges.

Wenn ich in Ruhe darüber nachdenke, scheinen mir schon alle wichtigen Elemente ans Licht gekommen zu sein. ‹Einsamer Reiter› stimmt, aber er erscheint nicht in dem romantischen Licht, wie wir ihn uns anfangs vorgestellt hatten.»

10. Oktober

Ich betrachte die Arbeit als abgeschlossen, auch wenn ich nicht mit absoluter Gewißheit sagen kann, daß der «Vermißte» von San Rocco Rudolf Knaut war. Einen einzigen letzten Beweis hätte ich noch gebraucht, um jeden Zweifel ausschließen zu können. Aber die drei von Berlin aufgespürten Überlebenden des Ost-Bataillons 617 treten nicht aus der Anonymität heraus und werden vielleicht nie darüber sprechen.

Ein Bild ist mir im Gedächtnis hängengeblieben, das alle anderen zusammenfaßt und in sich enthält.

Immer wenn ich mir die Ereignisse von San Rocco vergegenwärtige, sehe ich vor mir den weißen Fetzen von Rudolfs Unterhemd, den das Hochwasser nicht mitgerissen hat, wie ein Symbol eines grausamen Schicksals, eines vergeudeten Lebens, des Scheiterns.

Notiz zur Übersetzung

Der italienische Text wird ungekürzt wiedergegeben. Auslassungspunkte (z. B. in Zeugenaussagen) stammen vom Autor. Lediglich in einigen Briefen *an* den Autor wurden auf Vorschlag der Absender einzelne Erläuterungen, die für den deutschen Leser überflüssig sind, weggelassen; diese Stellen sind ebenfalls mit Auslassungspunkten gekennzeichnet.

Dialektausdrücke, die im Original oft durch Anmerkungen erläutert sind, wurden meistens übersetzt, nur in Ausnahmefällen wurden sie unverändert übernommen (und dann erläutert).

Titel von italienischen Büchern, Namen von Institutionen und dergleichen wurden unverändert wiedergegeben; wo angezeigt, wurde in Klammern eine deutsche Übersetzung beigefügt.

Der Anmerkungsteil wurde für diese Ausgabe überarbeitet und den Bedürfnissen der deutschen Leser angepaßt. Weggefallen sind etwa Erläuterungen zu den piemontesischen Dialektausdrücken; hinzugekommen sind Erklärungen zu Feiertagen und Ereignissen. Die Abweichungen vom Anmerkungsteil des italienischen Originals wurden nicht kenntlich gemacht.

Verlag und Übersetzerin danken Carlo Gentile (Köln) für zahlreiche sachliche Hinweise und redaktionelle Vorschläge und Dr. Gerhard Schreiber (Freiburg/Potsdam) für redaktionelle Hilfe insbesondere in Fragen der Militärterminologie.

Lebenszeugnisse, Biographien

Christabel Bielenberg
Als ich Deutsche war 1934–1945

Eine Engländerin erzählt
Autorisierte deutsche Fassung von Christian Spiel. Nachdruck
der 5., unveränderten Auflage. 1996. 320 Seiten. Paperback
Beck'sche Reihe Band 326

Ruth-Alice von Bismarck/Ulrich Kabitz (Hrsg.)
Brautbriefe Zelle 92

Dietrich Bonhoeffer – Maria von Wedemeyer 1943–1945
Mit einem Nachwort von Eberhard Bethge. 41. Tausend. 1995.
XIV, 308 Seiten mit 28 Abbildungen und 2 Faksimiles im Text.
Leinen

Adam Czerniaków
Im Warschauer Getto

Das Tagebuch des Adam Czerniaków 1939–1942
Aus dem Polnischen von Silke Lent. Übertragung des Vorworts
aus dem Hebräischen von Wolfgang Lotz. Mit einem Vorwort
von Israel Guzman. 1986. XXVI, 303 Seiten mit 19 Abbildungen.
Gebunden

Peter Grupp
Harry Graf Kessler 1868–1937

Eine Biographie
2., unveränderte Auflage. 1996. 320 Seiten mit 11 Abbildungen.
Leinen

Ursula von Kardoff
Berliner Aufzeichnungen 1942–1945

Unter Verwendung der Original-Tagebücher neu herausgegeben und kommentiert von Peter Hartl. 1992. 413 Seiten mit 21
Abbildungen. Gebunden

Verlag C.H. Beck München

Lebenszeugnisse, Biographien

Hans Graf von Lehndorff
Die Insterburger Jahre

Mein Weg zur Bekennenden Kirche
30. Tausend der Gesamtauflage. 1992. 100 Seiten. Paperback
Beck'sche Reihe Band 453

Helmuth James von Moltke
Briefe an Freya 1939–1945

Herausgegeben von Beate Ruhm von Oppen
2., durchgesehene und erweiterte Auflage. 1991. 683 Seiten mit
10 Abbildungen und 1 Faksimile. Leinen

Ulrich Sahm
Rudolf von Scheliha 1897–1942

Ein deutscher Diplomat gegen Hitler
1990. 400 Seiten. Leinen

Gregor Schöllgen
Ulrich von Hassell 1881–1944

Ein Konservativer in der Opposition
1990. 278 Seiten mit 12 Abbildungen. Gebunden

Betty Scholem / Gershom Scholem
Mutter und Sohn im Briefwechsel 1917–1946

Herausgegeben von Itta Shedletzky in Verbindung mit Thomas
Sparr. 1989. 579 Seiten mit 13 Abbildungen und 6 Faksimiles.
Leinen

Verlag C.H. Beck München